Roland Reichenbach

Für die Schule lernen wir

Plädoyer für eine gewöhnliche Institution

Klett | Kallmeyer

Bibliografische Information der Deutschen Nationalbibliothek
Die Deutsche Nationalbibliothek verzeichnet diese Publikation in der Deutschen Nationalbibliografie; detaillierte bibliografische Daten sind im Internet über http://dnb.d-nb.de abrufbar.

Impressum

Roland Reichenbach
Für die Schule lernen wir
Plädoyer für eine gewöhnliche Institution
In der Reihe Bildung kontrovers

1. Auflage 2013

Redaktion: Michael Banse, Leipzig
Realisation: Nicole Neumann
Druck: BELTZ Bad Langensalza GmbH, Bad Langensalza
Printed in Germany

ISBN: 978-3-7800-4968-1

Roland Reichenbach

Für die Schule lernen wir

bildung kontrovers

Plädoyer für eine gewöhnliche Institution

Klett | Kallmeyer

Dank

Meiner Frau Nicolette Thomet möchte ich für die gründliche Durchsicht des Manuskriptes und die zahlreichen Korrekturen herzlich danken. Frau Katrin Wintergerst danke ich für die vielen notwendig gewordenen Kürzungen und die sorgfältig durchgeführten Anpassungen. Bei Frau Gabriela Holzmann und Herrn Fritz Seydel bedanke ich mich für die professionelle und jederzeit angenehme Zusammenarbeit mit dem Friedrich Verlag.

Vorbemerkungen

Diese Schrift versteht sich als eine Art *Plädoyer für eine gewöhnliche Institution*. Das Wort „Plädoyer“ ist der Rechtssprache entlehnt und meint bekanntlich die Schlussrede der Verteidigung oder der Staatsanwaltschaft vor Gericht. Übertragen heißt plädieren aber bloß, sich für etwas dezidiert aussprechen, etwas gut befinden. Ein Plädoyer für etwas Gewöhnliches erscheint unnötig zu sein, denn „gewöhnlich“ meint ja „gewohnt“, „üblich“ und „herkömmlich“ (aber auch „gemein“ und „niedrig“). Die Schule ist in unseren Breitengraden eine gewöhnliche Institution, andernorts hat sie noch den Status des Ungewöhnlichen. Gewöhnlich sind auch Schulkritik und die skeptische Frage nach dem pädagogischen Sinn der Schule. Das Plädoyer bezieht sich auf die Schule als Institution. Eine Institution ist eine „Einrichtung“ bzw. eine „Anstalt“: Sie ist keine Kreditanstalt, keine Irrenanstalt, im Grunde auch keine Nacherziehungs- oder Besserungsanstalt, eine Justizvollzugsanstalt sowieso nicht, sondern offenbar eine *Bildung*sanstalt. Gleichzeitig ist die Schule aber Eingliederungsanstalt (Sozialisations- und Integrationsinstanz), Ausbildungsanstalt (Qualifikationsinstanz), Ausleseanstalt (Selektions- und Allokationsinstanz), ebenso eine wirtschaftliche Anstalt und Verwaltungseinrichtung, eine verselbstständigte und selbstständige Anstalt (vgl. Oblinger 1975), und – dies mag banal erscheinen, wird aber im Kontext der pädagogischen Debatten und Diskurse häufig vergessen – eine Zwangsanstalt (Fürstenau 1972).

Der Zwangscharakter der Schule und schulischen Bildung hat enorme Maße angenommen. Es ist ein Zwang gesellschaftlicher Art; während sich die obligatorische Schulzeit in den letzten hundert Jahren deutlich ausgedehnt hat, wird die obligatorische Schule der Gegenwart von zunehmend größeren Bevölkerungskreisen „bloß“ als Vorstufe für den Besuch höherer (Aus-) Bildungsanstalten begriffen. Man spricht gar von „mass higher education“. So sind Universitäten und Fachhochschulen heute vergleichsweise für sehr viele Menschen zugänglich geworden. Die Alma mater hat somit ein großes Vermassungspotenzial erhalten und als nährende Übermutter behandelt sie die ihr Zugeordneten und Zugelaufenen zunächst alle gleich. Massenstoffvermittlung ist demokratisch. Immer mehr wollen genährt werden mit Bildung und Wissen und die „allgemeine Hochschulpflicht“ (vgl. weiter unten) ist auf dem Weg zu ihrer Verwirklichung. „Um 1900 gab es (…) ungefähr eine halbe Million Studenten auf der Erde, weit weniger als ein Prozent der entsprechenden Alterskohorte. Um das Jahr 2000 sind ungefähr 100 Millionen Studierende immatrikuliert, die ungefähr 20 Prozent der entsprechenden Alterskohorte ausmachen“ (vgl. Meyer & Schofer 2005, S. 84), wobei sich das Wachstum vor allem in den letzten vier Jahrzehnten des 20. Jahrhunderts vollzogen hat (ebd.). Diese Zunahme stellt ein globales Phänomen dar und findet weitgehend unabhängig (!) vom wirtschaftlichen Entwicklungsniveau der Nationalstaaten statt (ebd., S. 85). Nach Trow (1970/2006, zit. bei Kreckel 2008) wird von „elite higher education“ gesprochen, wenn eine Partizipationsrate unter 15 % einer Alterskohorte vorliegt. Von dieser längst überholten Rahmenbedingung gehen womöglich manche Bildungswissenschaftler stillschweigend noch aus, wenn die sogenannte „Idee der Universität“ verhandelt wird. Zu Zeiten Wilhelm von Humboldts gab es in ganz Preußen rund 5000 Studenten, und die Finanzierung der Universitäten wurde nicht von der öffentlichen Hand bestritten. Noch bis 1960 studierten weit weniger als 15 % einer Alterskohorte. Ab 1960 bis ca. 1995 wird von „mass higher education“ gesprochen und von einer Partizipationsrate von bis zu 50 % ausgegangen. Seit 1995 ist gar von „universal higher education“ die Rede, wenn nämlich die Partizipationsrate 50 % übersteigt. Steigt dieselbe sogar über 75 %, kann von der „allgemeinen Hochschulpflicht“ (Kreckel 2008, S. 3) gesprochen werden. Solche Zahlen treffen schon für die skandinavischen Länder, für Polen, Australien und Neuseeland zu, wobei Russland und die USA immerhin schon auf je rund 64 % kommen. Davon sind beispielsweise Deutschland oder die Schweiz noch weit entfernt, aber die Entwicklungsrichtung ist klar. Die Hochschulexpansion folgt „prinzipiell einem globalen Muster, nicht unterschiedlichen nationalen Verlaufsmustern“ (Meyer & Schofer 2005, S. 88): Nationale Bildungssysteme sind heute globalen Modellen unterworfen (S. 91). In den bedenkenswerten und vielleicht auch bedenklichen Worten Meyer und Schofers: „Nationalistische Grundsätze und die Verherrlichung nationaler Sonderwege verloren nach zwei weitgehend durch sie verursachten Weltkriegen und einer Weltwirtschaftskrise an Attraktivität“ (ebd., S. 91).

Allerdings sollte dieser Hochschulschub nicht vergessen machen, dass der Chancenzuwachs der Möglichkeit, sich an einer Universität einschreiben zu können, dennoch relativ geblieben ist: Beamtenkinder haben in Deutschland zwischen 1969 und 2000 den größten und sehr deutlichen Chancenzuwachs verzeichnen können, dies vor den Söhnen und Töchtern von Selbstständigen und von Angestellten, während Arbeiterkinder nur einen sehr geringen Chancenzuwachs vorweisen können (vgl. Wernicke 2009, S. 80), so dass auch hier vom Matthäus-Effekt gesprochen werden muss. Die scheinbare Demokratisierung der Bildung – „Massenbildung" – verringert die sozioökonomischen Unterschiede also keineswegs, sondern mag sogar noch dazu beitragen, sie zu vergrößern.

Was hat diese Entwicklung mit der obligatorischen Schule zu tun, um die es im Folgenden geht? Diese Entwicklung verschärft den Druck auf die obligatorische Schule und fördert die kritische Auseinandersetzung im Guten wie im Schlechten. Schule stellt für immer mehr Menschen nur *Vorhochschule* dar: Ziel ist Zugang und Anschluss an höhere Bildung und Ausbildung (sekundäre und tertiäre Stufe). Das führt unter anderem dazu, dass viele junge Menschen oder gar die Mehrheit während beachtlich vielen *Lebensjahren* die Schulbank drücken und den Sinn des schulischen Tuns und Lernens allein schon daher nicht immer so recht mehr einsehen können. Verschärfend kommt hinzu, dass die Schülerinnen und Schüler immer früher geschlechtsreif werden – eine vergleichsweise dramatische Entwicklung –, also in vielerlei Hinsicht wie junge Erwachsene behandelt werden wollen und sollen, aber unter Umständen selber noch während Jahren ökonomisch, rechtlich, sozial, häufig auch emotional, und in anderen Belangen – etwa räumlicher Hinsicht – meist von ihren Eltern abhängig sind. Während sich die Kindheit verkürzt hat, expandierten Jugendalter und Adoleszenz sowie Postadoleszenz. So sitzen die jungen Menschen in den Schulzimmern herum, lernen viele Dinge, deren Sinn sie keineswegs erkennen können, und kennen, wie Pieter Sloterdijk kürzlich – wohl übertreibend – monierte, nur noch ein Schulfach, nämlich den Schulabschluss (Sloterdijk 2009, S. 684). Die Intelligenz dieser Menschen liegt weitgehend brach, ist gesellschaftlich ungenutzt; dies auszuhalten, fällt nicht allen leicht.

Die Sinnkrise des schulischen Lernens wird möglicherweise auch durch eine scheinbar liberale, m. E. aber weit verbreitete Haltung von Eltern und Lehrpersonen unterstützt, die ihren Kindern und Schülern scheinbar freimütig zugestehen, dass sie die Schule ja selber auch nicht gerade gemocht hätten und sehr wohl wüssten, wie unmenschlich langweilig Schule sein kann und als wie nutzlos sich das Gelernte schließlich erweise, das man aus diesem Grund – kaum sei es abgefragt bzw. getestet worden – ja auch sofort vergesse. Die damit einhergehende „pädagogische" Mentalität scheint sich im Wesentlichen auf drei Dimensionen oder Inhalte zu reduzieren, die sich etwa wie die folgenden Ratschläge an den jungen Menschen zu richten scheinen:

(a) Mach bitte den Schulabschluss (obwohl du den Sinn der schulischen Lerninhalte nicht erkennst)!

(b) Nimm keine Drogen (außer, wenn es sein muss, weiche Drogen, aber davon bitte nicht zu viel)!

(c) Habe die Verhütung im Griff (denn du willst dir doch dein Leben nicht schon jetzt durch ein Kind verderben?)!

Aber sonst ...? Es ist *dein* Leben! Du kannst damit anfangen, was *du* willst!

In dieser Haltung, die nicht kritisiert zu werden braucht, da sie tatsächlich als „liberal" verstanden werden könnte, kommt eine gewisse Lockerheit gegenüber dem zu erwerbenden Wissen und Können und ihrer institutionellen Vermittlung zum Ausdruck, die der Institution Schule und ihren Akteuren – Lehrerinnen und Lehrern, Schülerinnen und Schülern – insgesamt kaum dienlich sein kann und die gesellschaftliche Anerkennung der Institution Schule wohl nicht nur tendenziell untergräbt. Die *Emanzipation* gegenüber pädagogischen Institutionen und Autoritäten ist aber freilich eine ambivalente Errungenschaft, doch auch ein modernes und kaum rückgängig zu machendes Phänomen (vgl. Reichenbach 2011).

Eine weitere, gesellschaftlich fundamentale und meist überhaupt nicht bedachte Funktion der Schule ist jene der *Aufbewahrung*: Millionen von Kindern und jungen Menschen werden während bestimmten, meist ganz genau definierten, Zeiten *räumlich versorgt*. Dies ermöglicht Ordnung und gewisse Freiheiten für all jene (wenn auch nicht wirklich alle), die nicht in der Schule sitzen. Wenn sämtliche Lehrpersonen einer Nation, eines Bundeslandes oder auch nur einer größeren Stadt während, sagen wir, zwei oder drei Wochen streiken (würden), bemerken bald alle, was die Aufbewahrungsfunktion der Schule (und selbst wenn in der Schule überhaupt nichts gelernt würde) für die moderne Gesellschaft tatsächlich bedeutet und leistet.

Kurz, für die Schule und in der Schule werden viele Anstalten gemacht, wird Enormes geleistet. Die wenigen hier skizzierten Dimensionen zeigen aber auch, dass wir es mit einer *widersprüchlichen* Institution zu tun haben, d.h. mit einer Institution, die – in offenen Gesellschaften – widersprüchlichen Erwartungen und Anforderungen ausgesetzt ist. Die Schule ist daher eine *sowohl* gewöhnliche *als auch* widersprüchliche Institution. Die folgenden Ausführungen handeln vom *pädagogischen* Sinn und der – vermeintlichen oder tatsächlichen – *Sinnkrise* dieser Einrichtung, in der so starke wie auch gegensätzliche Gefühle wie Angst und Langeweile alltäglich sind.

Dass wir – leider – nicht für das Leben, sondern eben für die Schule lernen müssten (oder mussten), ist eine bekannte, affirmativ meist um 180 Grad gedrehte Äußerung des römischen Philosophen und Kaisers Seneca („Nicht für das Leben, sondern für die Schule lernen wir“ in *Epistulaem morales ad Lucilium* XVII 106 12; lateinisches Original: „Non vitae, sed scholae discimus“; vgl. Seneca 2001). Die verdrehte Version – nicht für die Schule, sondern für das Leben lernen wir (oder sollen wir lernen) – wirkt zunächst eindeutig sympathischer. In den folgenden Ausführungen soll aber auch zum Ausdruck kommen, dass Lernen *für die Schule* pädagogisch ebenso sinnvoll und wichtig sein kann und ist. Die rhetorisch wirksame Entgegensetzung von *Schule* und *Leben* ist auch heute sehr verbreitet, aber m. E. als bedenklich zu bezeichnen. Dass die sogenannte Lebensnähe gar zum didaktischen Prinzip hat erhoben werden müssen, ist vielleicht noch bedenklicher. Und dass mit dieser Argumentationsfigur – Leben versus Schule – ein Wissen vorausgesetzt werden muss, was denn das sogenannte Leben sei, worin es zur Hauptsache bestehe, erscheint am bedenklichsten. Wer zwischen Schule und Leben einen Gegensatz konstruiert, scheint letztlich nicht viel von Schule zu halten. Doch Schule ist konstitutiver Bestandteil des modernen Lebens, nicht seine Vorstufe, nicht notwendiges Übel, nicht Mittel der Unterdrückung und Ungerechtigkeit, und nicht Ort des Privatsinns und des Eigennutzes. Das Leben in modernen Gesellschaften und die Schule sind derart intrinsisch miteinander verbunden, dass die politisch oder pädagogisch motivierte Entgegensetzung von *Schule* und *Leben* insgesamt von wenig Kenntnisreichtum zeugt.

Die Schrift beinhaltet nebst Einleitung und abschließenden Bemerkungen fünf Kapitel. Diese bauen nicht in notwendiger Abfolge aufeinander auf, können daher auch gut als Auszüge gelesen werden. Jedem Kapitel ist eine These oder Thesengruppe zugeordnet, die den pädagogischen Sinn der Schule in der einen oder anderen Weise betrifft. Damit wird in keiner Weise ein Anspruch auf Vollständigkeit verbunden. Die Schule ist ein „ewiges“ Thema. Wie jede Institution, jeder zentrale Gedanke oder jedes konstitutive Konzept moderner Gesellschaften, sind auch der Sinn und Zweck der Schule, ihr Zustand und ihre Verbesserungswürdigkeit und -fähigkeit strittig. Das ist normal. Es gehört zum demokratischen Ethos moderner Gesellschaften, dass man sich streitet, freilich wenn möglich fair und gewaltfrei. Kein Urteil ist das letzte, keine Meinung kann den absoluten Wahrheitsanspruch erheben, ohne zu Recht bestritten zu werden. Wer meint, die Wahrheit der Schule zu kennen, kennt die Schule nicht. Das heißt wiederum nicht, dass jeder beliebig über Sinn und Zweck der Schule reden darf und alle Meinungen als gleichwertig anzuerkennen seien. „Strittig" heißt nicht „schwammig", sondern eben strittig; man kann und soll sich durchaus kohärent über eine Sache streiten.

Mit den folgenden Thesen oder Thesengruppen erhofft sich der Autor keineswegs allgemeine Zustimmung, damit zu rechnen wäre unbegründet. Das Motiv zu diesem Buch und den damit verbundenen Thesen liegt vielmehr darin, auch *anders* über Schule nachzudenken, als dies vielleicht üblicherweise geschieht. Unvollkommene Gesellschaften sind wohl in jeder Hinsicht unvollkommen, jedenfalls auch hinsichtlich ihrer Subsysteme, so auch des Bildungssystems. Das Unvollkommene darf und soll kritisiert werden. Ein weitverbreitetes Vorurteil besagt, dass Kritik konstruktiv zu sein habe. Was auch immer mit konstruktiv gemeint sein kann, eine solche Forderung ist unsinnig. Das zentrale Kriterium der Kritik ist nicht, ob sie konstruktiv ist oder nicht, sondern ob sie *zutrifft* oder nicht. Doch ob sie zutrifft oder nicht, mag strittig sein. Jedenfalls muss, wer kritisiert, keine Alternative zum Kritisierten bieten. Dies zu fordern, ist ein weiteres, meist wenig bedachtes Vorurteil. Nur weil keine bessere und glaubhafte Alternative zum Kritisierten dargelegt werden kann, heißt das natürlich nicht, dass die Kritik deswegen weniger oder gar nicht mehr berechtigt wäre. Die Alternativlosigkeit ist kein Argument gegen die Legitimität von Kritik. So galt Demokratie für Aristoteles als eine nicht-ideale, aber immer noch die beste unter den schlechten Staatsformen. Und nur die schlechten Staatsformen erachtete er als „realistisch", d. h. wirklichkeitstauglich. Ähnlich könnte es sich mit der problematischen Institution Schule innerhalb demokratischer Gesellschaften verhalten. Man wird sich nicht darüber einigen können, wie sie zu sein hat und wie sie in eine bessere oder gar ideale Form übergeführt werden kann. Idealvorstellungen sind hingegen keineswegs unbedeutend, vielmehr haben Ideale mitunter wichtige regulative Funktionen und machen die nötige Kritik der Realität – oder was als solche wahrgenommen wird – überhaupt erst möglich.

Notiz: Natürlich ist Vieles und sind manche Passagen des hier Wiedergegebenen schon im Rahmen von Vorträgen und schriftlichen Beiträgen an anderen Orten vorgelegt worden. Wiederholung und Selbstzitation sind m. E. unvermeidbar und haben auch keinen plagiatorischen Charakter, wie manchmal vermutet wird. Ich habe mich bemüht, die Stellen möglichst zu bezeichnen, an welchen ich mich an frühere schriftliche Äußerungen anlehne.

Einleitung: Eine geschwächte Institution?

Auf schwierige Fragen ist die Antwort „Ja und Nein“ meistens nicht ganz falsch. Ist es – gegenüber früheren Zeiten – schwieriger geworden, Lehrerin und Lehrer, Schülerin und Schüler zu sein? Holzschnittartig können Gründe angegeben werden, welche die öffentliche Schule in vielerlei Hinsicht zu einer teilweise problematischen Institution bzw. zu einer Institution mit Problemen haben werden lassen. Eines der Probleme der zeitgenössischen Schule kann in ihrem Autoritätsverlust gesehen werden (vgl. Blais, Gauchet & Ottavi 2008; Gauchet 2002; Revault d'Allonnes 2005). Die Schule habe ihre „Aura“ verloren, stellten Thomas Ziehe und Herbert Stubenrauch in ihrem immer noch lesenswerten „Plädoyer für ungewöhnliches Lernen“ (Ziehe & Stubenrauch 1982) fest – die Aura des Rätselhaften, ihre Einzigartigkeit als Ort des Wissens und der Bildung, der Kultur, die sie zu verkörpern und weiterzugeben hat. Die Lehrperson sei zunehmend auf sich selbst gestellt, weil ein paar wesentliche „Gratiskräfte“ – so Ziehe und Stubenrauch –, von der sie zunächst profitieren konnte, schwach bis sehr schwach geworden sind – gleichgültig wie professionell oder dilettantisch die Lehrperson, wie viel oder wenig wissend und wie pädagogisch reflektiert oder naiv sie gewesen ist. Die erste dieser „Gratiskräfte“ ist jene des „Bildungskanons“ gewesen (Ziehe & Stubenrauch 1982, S. 130): der Kanon verkörperte die nicht zu hinterfragende Autorität der kulturellen Wissensbestände, welche die Schule praktisch im Monopol zu vertreten hatte. Die zweite „Gratiskraft“ ist jene des traditionellen „Generationenverhältnisses“ gewesen: Gerade als konfliktuelles Verhältnis war dieses konstitutiv für eine Auseinandersetzung und Aushandlung der Wertmaßstäbe. Die dritte „Gratiskraft“ war die Selbstverständlichkeit und Identitätsnähe der „Selbstdisziplin“ (ebd., S. 131). Dass Lernen Spaß machen soll oder wie von alleine geschehe, ganz reibungslos und natürlich, ist eine junge und für institutionelle Zusammenhänge abwegige Idee. Schule war vielmehr immer mit einem Ethos der Anstrengung, des Bemühens und des Übens verbunden. „Diese schulische symbolische Ordnung“, schreiben Helsper et al. (2007), „war eingebettet in einen übergreifenden gesellschaftlichen Deutungshorizont, von dem sie kulturell zehren und ihre Selbstverständlichkeit und Verbindlichkeit entlehnen konnte. Diese Aura der Schule als einer einzigartigen Bildungsstätte erodiert“ (ebd., S. 41). Die Autorität der Lehrperson als „professionelle Sachautorität“ ist „angreifbarer und legitimationsbedürftiger“ geworden (ebd., S. 64). Dies wird mitbedingt durch die (a) Ent-Kanonisierung des Wissens und des Bildungserbes, durch die (b) Pluralisierung von Lebensstilen und Lebensformen, d.h. die Relativierung von Regeln, Normen und Werten und damit einer verstärkten „Begründungspflichtigkeit“, und schließlich (c) ebenso durch die Hinterfragung der Lehrperson in didaktisch-methodischer und pädagogischer Hinsicht, ermöglicht und gestärkt durch neue und selbstgesteuerte Wege des Wissenserwerbs und der kulturellen Fähigkeiten (ebd.).

Wenn die Schule selbst von Lehrpersonen nicht mehr als Repräsentantin der Kultur und der symbolischen Systeme verstanden wird, wird das Sinnproblem des schulischen Lernens offensichtlich. Bei der Frage „Wozu ist die Schule da?“ ist eine gängige Antwort, sie sei für das Lernen da. Doch wozu ist das Lernen da? Der Reflex meint zur Antwort zu nötigen, dass das Lernen für das Leben da sei. Lutz Koch (2002) hat argumentiert, die Schule sei zwar zum Lernen da, aber das Lernen sei für die Schule da: „wir lernen für die Schule“ (ebd., S. 11). Das sehe zwar nach „Kreisverkehr“ aus, aber es sei dennoch eine angemessene Beschreibung zu sagen, dass wir nicht für das Leben, sondern für die Schule lernen. Es gehört, wie in den Vorbemerkungen erwähnt, zur Ironie der Geschichte des bekannten Seneca-Zitates, welches normalerweise falsch wiedergegeben wird. Seneca falsch zitiert lautet eben: „Nicht für die Schule, sondern für das Leben lernen wir“. Seneca richtig zitiert aber: „Nicht für das Leben, sondern für die Schule lernen wir“. Doch wozu – um immer noch mit Lutz Koch zu fragen – sind die Schülerinnen und Schüler da? Schüler, so die Antwort von Koch, sind für die Schule da – nicht die Schule für die Schüler und Schülerinnen, sondern umgekehrt (S. 16)! Nach so vielen kontra-intuitiven Aussagen sei mit Koch zusammengefasst:

> „Ich habe also behauptet: Schule sei zum Lernen da, denn dadurch und durch nichts anderes ist sie definiert. Zweitens habe ich behauptet, dass wir nicht für das Leben, sondern für die Schule lernen. Nicht das Leben unterstellt die Schule seinen Anforderungen, sondern Schule prägt das Leben. Daher steht die Schule auch nicht im Dienst der Gesellschaft, ist sie kein Dienstleistungsbetrieb, funktioniert nicht abnehmer- oder kundenorientiert. Sie ist nicht für die Gesellschaft da, sondern die Gesellschaft muss sich um die Schule kümmern, so wie jemand sich

> um seine eigene Gesundheit kümmert. Die Gesellschaft leistet sich selber einen Dienst, wenn sie für Schule sorgt. Damit hängt es zusammen, dass die Schüler für die Schule da sind, dass die Schule den Bestand des Wissens garantiert und jeder Einzelne nicht nur Benutzer des Wissens, sondern auch dessen ‚Gefäß' ist"
>
> (Koch 2002, S. 20 f.).

Das Wissen wird nicht nur und nicht primär in den Bibliotheken aufbewahrt, in den Büchern, den Datenbanken und dem Internet, auch nicht in der Schule, sondern vor allem in den Köpfen von Lehrpersonen aller Schul- und Ausbildungsstufen und -typen, die es an ihre Schülerinnen und Schüler weitergeben, welche es später wiederum – wenigstens teilweise – weitergeben werden, in der einen oder anderen Form. Die Köpfe sind die Gefäße des Wissens, das Wissen wird in ihnen aufbewahrt, ausgeliehen für eine bestimmte oder auch unbestimmte Zeit. Die Schülerinnen und Schüler ihrerseits werden aufbewahrt in der Schule, zu bestimmten, meist genau definierten Zeiten. Obwohl sie die Pflicht haben, dort zu sein, haben sie auch ein Recht, sich dort zu befinden. Indem sie dort sind, ermöglichen sie Schule. Ohne Schüler keine Schule, wie auch ohne Kinder keine Eltern. Die Schule sei nicht für die Gesellschaft da, sondern vielmehr habe sich – so Koch an gleicher Stelle – die Gesellschaft um die Schule zu kümmern: Sie ist „konstitutiv für Gesellschaft" (ebd., S. 13).

Die Schule repräsentiert aus diesem Grund – zumindest für französische Pädagogen – die Autorität der Kultur. So hat Marcel Gauchet ähnlich kontraintuitiv wie Lutz Koch die Autorität der Kultur erläutert. Seine Behauptungen lauten – mit Philippe Foray (2007) zusammengefasst: (a) Autorität ist immer da. (b) Es gibt Erziehung, weil es Autorität gibt. Das heißt, die ohnehin wirkende Autorität führt zur Frage nach der Erziehung. (c) Kultur ist das, was einen umhüllt, was sich einem aufdrängt, was man nicht frei gewählt hat und dem man auch nicht entkommen kann – die Autorität der Kultur ist für Gauchet – man möchte freundlich bemerken: typisch französisch! – vor allem die Autorität der *Sprache* (vgl. Foray 2007, S. 623–625). Nach Gauchet muss der Mensch erzogen werden, weil er in einer Kultur, insbesondere Sprachkultur lebt. 1985 schrieb Gauchet zum Thema Lesenlernen:

> „Lesen zu lernen, heißt nicht allein, sich mit nützlichen schriftlichen Zeichen vertraut zu machen, sondern auch von einer Welt erfasst zu werden, die in voller Rüstung schon vor uns da war und noch im hintersten Winkel für den Gesamtzu-

sammenhang einsteht; es heißt, auf eine bindende Ordnung zu treffen, die letzte Orientierung bietet bei der Begegnung mit anderen und der eigenen Standortbestimmung, indem vom niedrigsten Niveau an über die Arbeit am Ausdruck der menschlichen Erfahrung nach und nach eine Form gegeben wird. Hier ist es wirklich einmal voll und ganz angebracht, von *Kultur* zu sprechen."

(zit. u. übers. nach Foray ebd., S. 624).

Alle haben sich den Spielregeln der Sprache zu unterwerfen. Das Symbolische übt eine Macht aus, der sich die Menschen nicht entziehen können. *Das Symbolische zu erlernen, und sich seiner Macht zu unterwerfen, dafür ist die Schule da.* Das Symbolische repräsentiert für den Menschen die „gemeinsame Welt", wie man mit Hannah Arendt sagen kann: Die Schule fördert den Sinn für das Gemeinsame und Geteilte bzw. hätte diesen Sinn zu fördern (vgl. Kapitel 1). Schüler sind keine Individualkunden. Wer pädagogische Identität stärken will, muss die Stellung der Schule als Repräsentantin der Kultur und ihre konstitutive Bedeutung für die moderne Gesellschaft in Erinnerung rufen. Die zeitgenössische, marktförmige Instrumentalisierung der Schule ist mittel- und längerfristig aus pädagogischer Hinsicht ein Fehler.

Während die Schule aus dieser Perspektive betrachtet als eine geschwächte Institution erscheint und das gesellschaftliche Ansehen der Lehrpersonen gelitten hat, ist gleichzeitig eine Pädagogisierung nahezu aller Lebensbereiche festzustellen. Drei Sorten von „Agogikern" oder „Agogen" verdienen unter modernen Vorzeichen die skeptische Betrachtung – die *Demagogen*, die *Mystagogen* und die *Pädagogen*. Gemeinsam ist ihnen das „agogein" – die Führungs- und Gestaltungsaufgabe. Die Demagogen führen oder verführen das Volk, die Mystagogen führen in die Mysterien hinein und die Pädagogen führen, belehren und erziehen Kinder und Jugendliche – jedenfalls hat man sich das so vorgestellt. Gemeinsam ist ihnen auch die Krise, in der sie stecken oder zu stecken meinen. Die Demagogen sind zu Recht verrufen, wer die Mystagogen sind oder waren, das weiß kaum noch einer, und die Pädagogen sorgen mitunter auch selber dafür, sich mit Selbstzweifeln in die Krise zu manövrieren. Und so hält man von ihnen nicht immer sehr viel. Die Autorität des Pädagogen und des Pädagogischen ist eine wackelige Sache, bald wirkt sie lächerlich, unvermutet bricht sie zusammen. Und so muss man schon einen gewissen „Mut zu *dieser* Lächerlichkeit" aufbringen, um die freundliche Verachtung zu ertragen, welche die Pädagogin und den Pädagogen mitunter subtil, mitunter weniger subtil trifft. Interessanterweise kommt diese „Verachtung" auch von manchen Erziehungswissenschaftlern, die mit dem Pädagogischen lieber nicht in Verbindung gebracht werden möchten – die pädagogische Welt scheint ihnen peinlich zu sein, ähnlich wie kleine Geschwister einem Jugendlichen peinlich sein können, weil er sich lieber schon als Erwachsener sehen möchte, aber das Kinderzimmer vielleicht doch noch nicht ganz verlassen hat.

Über die Verachtung der Pädagogik heißt ein Sammelband (Ricken 2007) – mit diesem Titel wird auch angedeutet, dass die Sinnbilder des Pädagogischen – typischerweise Optimismus, Idealismus, Dilettantismus, und vielleicht ein gemütliches Leben oder eine beliebige Mischung davon, beispielsweise in der allgemeinen Lehrerschelte, bei der prinzipiell jeder mitmachen kann –, dass also diese ambivalenten Sinnbilder des Pädagogischen noch wenig erforscht sind. Allerdings ist „Verachtung" dann doch ein zu hartes Wort, zu dramatisch und es wirkt selbstmitleidig – und haben jammernde Pädagogen nicht etwas Unerfreuliches? Nun sind Klagen und Jammern auch strategisch wichtige Instrumente, das weiß jedes Kind (wie Eltern und Lehrpersonen wissen), wiewohl Klagen und Jammern freilich nicht nur Instrumente sind. Vor gut 20 Jahren erschien ein Beitrag von Elmar Tenorth mit dem Titel „Laute Klage, stiller Sieg. Über die Unaufhaltsamkeit der Pädagogik in der Moderne" (1992). Klagen tut sie gern, die Pädagogik (bzw. die Pädagogen), aber heimlich sei sie – mit oder ohne Klagen – geradezu „erfolgreich" gewesen. Vor der Gefahr des „Pädagogismus", der „schrankenlosen Ausdehnung des pädagogischen Anspruchs", hat Helmut Schelsky schon 1961 in seiner Schrift *Anpassung und Widerstand* (1961, S. 162) gewarnt. Schelsky kritisierte die Idee heftig, wonach noch Erwachsene zum „animal educandum" (ebd.) erklärt und selbst in Organisationen zur „dauernden Bildung" verpflichtet würden (!). Was Schelsky zur heutigen Situation sagen würde, wissen wir nicht, aber man ahnt, dass sich seine Freude in Grenzen halten würde.

Man scheint sich daran gewöhnt zu haben, dass jede Lebensphase und nahezu jeder Lebensbereich pädagogisiert wird. Und so gibt es eine Erwachsenenpädagogik, eine Altenpädagogik – übrigens zu Recht –, aber auch eine Sterbepädagogik (wobei man sich fragen mag, was die Sterbepädagogen den Sterbenden voraushaben), und natürlich gibt es auch schon eine pränatale Pädagogik. Ob eine postmortale Pädagogik existiert, wissen wir nicht, zwar hoffen wir, dass es sie nicht gibt (dass sozusagen einmal genug ist), aber es würde einen nicht verwundern. Nicht nur alle Lebensphasen, sondern auch nahezu sämtliche Lebensbereiche werden pädagogisiert: So gibt es – übrigens wiederum mit guten Gründen – eine Freizeitpädagogik, eine Familienpädagogik, eine Friedenspädagogik, eine Sexualpädagogik, eine Körperpädagogik, eine Sportpädagogik, eine Medienpädagogik, eine Theaterpädagogik, eine Musikpädagogik, eine Zoopädagogik usw. Diese sogenannten Bindestrich-Pädagogiken sind kaum mehr zu überschauen. Das ist zweifellos ein „Erfolg" – er hat aber seinen Preis.

Während die Pädagogisierung fast alle Lebensphasen und Lebensbereiche erreicht hat, ist die Entgrenzung des pädagogischen Anspruchs nur um den Preis der Schwächung des pädagogischen Denkens selbst möglich gewesen. Wenn Pädagogik zu allem etwas zu sagen hat, dann hat sie – quasi paradoxerweise – im Grunde nicht mehr viel zu sagen. Wohl ist es der normative Kern des pädagogischen Denkens, der auch für manche Erziehungswissenschaftler anstößig ist. Doch ohne Moral (im weitesten Sinne) ist keine Pädagogik zu machen, ohne explizierte, reflektierte und kritisierte Vorstellungen des Guten und des Richtigen kann Erziehungswissenschaft zumindest das nicht leisten, was praktisch tätige Pädagoginnen und Pädagogen von ihr zu Recht erwarten dürften: wenn nur begrenzt pädagogisches Handlungswissen zu liefern, so doch relevantes Orientierungs- und Deutungswissen. Hinter dieser Entgrenzung, die spätestens mit dem Diskurs um das *lebenslange Lernen* sichtbar geworden ist und heute im omnipräsenten Kompetenzdiskurs die Bildungs- und Ausbildungsinstitutionen dominiert (obwohl er ja auf mickrigen theoretischen Grundlagen steht), versteckt sich möglicherweise die uneingestandene Angst, nicht mehr zu wissen, wohin die (gesellschaftliche) Reise geht. Basil Bernstein hat den entzündeten Nerv der Zeit wohl getroffen, als er vor einigen Jahren schrieb: „Ich denke, was wir gerade erleben, ist eine pädagogische Panik, die die moralische Panik maskiert, eine tiefe Panik in unserer Gesellschaft, die nicht weiß, was ist und wohin es geht. Und das ist eine Periode der pädagogischen Panik. Und es ist das erste Mal, dass pädagogische Panik die moralische Panik maskiert bzw. verschleiert" (Bernstein 2000, S. 379 f. übers. nach Sertl 2004, S. 26).

Wer nicht mehr weiß oder nicht mehr zu wissen meint, wohin die Reise gehen soll oder was an der Reise gut ist, fühlt sich auch nicht mehr imstande, „es" den Jüngeren zeigen zu wollen; wobei dieses Es sehr viel sein kann – die Welt. Dass sich manche Kolleginnen und Kollegen heute wieder auf die Grundoperation des Pädagogischen besinnen, das Zeigen (Meyer

2003, Prange 2005), zeigt, wie schwach die pädagogische Rationalität offenbar auch in pädagogischen Köpfen noch repräsentiert ist.

Allerdings sind die Gründe für diesen „Mangel“ auch kulturell-historischer Art und nicht nur zu beklagen. Der 70er-Jahre-Boom der Erziehungswissenschaft und der damalige politische Zeitgeist, dem wir Vieles verdanken, und das meine ich nicht ironisch, führten dazu, dass insbesondere Kommunikationstheorien und Sozialisationstheorien – also vor allem Theorien psychologischer und soziologischer Herkunft – Einzug in das Feld der pädagogischen Theorie gehalten haben: Es handelte sich um Theorien, deren Vertreter sich dem Ethos der *symmetrischen Kommunikation*, der regulativen Idee der *Herrschaftsfreiheit* und dem Recht des *authentischen Ausdrucks* verpflichtet sahen. In diesem politisierten Umfeld der Theoriebildung und des pädagogischen Diskurses schien es nicht mehr attraktiv, die Asymmetrie des erzieherischen Verhältnisses, die traditionell immer als notwendig und zugleich als zeitlich und situativ begrenzt verstanden war, noch als Konstante des pädagogischen Denkens und Handelns ernst zu nehmen. Das strukturell konservative Moment des Erzieherischen, namentlich das *kulturbewahrende* Moment, wurde – sozusagen politisch korrekt – verschleiert. Allerdings gab es schon frühe Gegenstimmen, die erstens von Politik tatsächlich etwas verstanden haben und zweitens frei genug waren, so dass sie auch ohne das „Geländer“ des Zeitgeistes über Erziehung nachgedacht und geschrieben haben, unter anderem und m.E. vielen voran Hannah Arendt (1994). Und so erstaunt es heute nur noch wenig, wie wenig auch wissenschaftliche Pädagoginnen und Pädagogen zu den „einheimischen Begriffen“, vor allem Erziehung und Bildung, zu sagen haben, man möchte fast meinen: nur wenig mehr als interessierte Laien. Dafür sind sie freilich fachkundig in vielen Thematiken, die mit Fragen von Erziehung und Bildung eng in Zusammenhang stehen.

Die strukturelle Unaufrichtigkeit der pädagogischen Diskurse, in denen die Asymmetrien und Differenzen zwischen Lehren und Lernen, Alt und Jung, erfahren und unerfahren, gebildet und ungebildet, mündig und unmündig offenbar so zum Problem geworden sind, dass sie kaschiert werden müssen, ist der Hintergrund dieser Ausführungen. Wir haben uns daran gewöhnt, asymmetrische und komplementäre Beziehungen in symmetrischen Vokabeln zu beschreiben und begreifen: „gleichberechtigt“, „partnerschaftlich“, „gemeinsam“, „gesprächsbereit“, „offen“, „aufeinander zugehend“, „in wechselseitigem Einvernehmen“ – und das ist richtig so. Nur ist dann auch interessant zu erfahren, was es jeweils konkret bedeutet, wenn „Ungleiche“ etwas „*gemeinsam* entscheiden“, wenn Vorgesetzte das „Gespräch suchen“, die Untergebenen „Mitarbeiter“ genannt werden, und der Vater zu seiner Tochter sagt: „Wir müssen da etwas zusammen besprechen“... Während das „Krankenschwester-Wir“ – „Wie geht es uns heute?“, so ihre Frage an den Patienten im Bett – noch einigermaßen als routinehafte, zwar unpassende, aber gut gemeinte Floskel leicht durchschaubar ist, ist das „pädagogische Wir“ – ebenso unpassend, routinehaft und gut gemeint – nicht immer leicht zu erkennen.

Wir haben also ein Paradox vor uns: *das Paradox einer in pädagogischer Hinsicht verunsicherten Schule in einer zunehmend verschulten, d.h. pädagogisierten Gesellschaft.* Insofern ist die Schule in den letzten Jahrzehnten *sowohl* schwächer *als auch* stärker geworden, genauer formuliert: das, was sie in ihrer gesellschaftlichen Bedeutung stärker gemacht hat, nämlich die Pädagogisierung der Welt und des Lebens aller, hat sie hinsichtlich ihrer pädagogischen Identität, insbesondere verkörpert durch die pädagogische Identität der Lehrenden, geschwächt. Überspitzt formuliert: *Wir* alle wissen, dass Schule und Bildung (für den Einzelnen und die Gesamtgesellschaft) sehr bedeutsam sind, aber was an der Schule und Bildung es genau ist, das so bedeutsam ist, wissen „wir“ offenbar zunehmend weniger.

Diese Situation *pessimistisch* zu bewerten, scheint mir unangebracht zu sein, sie *optimistisch* zu betrachten, allerdings noch unangebrachter. Die Situation als *tragische* Konstellation zu deuten, ist vielleicht zu bombastisch formuliert. Vielleicht ist die Situation aber mit einer gewissen *Ironie* – eher im Sinne der sokratischen Ironie als eines vulgären Spaßbegriffs – einfach zu erdulden.

1. Lernen im Kollektiv

These: Die Schule ist nur bedingt eine pädagogische Institution – sie wird von gesellschaftlichen Kräften geprägt, die dem pädagogischen Ethos teilweise widersprechen, ohne dass die Widersprüche aufgelöst werden könnten. Zum pädagogischen Sinn der Schule gehört die Förderung des Gemeinsinns und – noch fundamentaler – der Zivilität.

In diesem Kapitel seien fundamentale Überlegungen zum Sinn von Schule in *pädagogischer* Hinsicht wiedergegeben. Es stellt sich die Frage, welcher Sinn – außer organisationalen Zwecken – darin gesehen werden kann, dass Lernen im Kollektiv stattfindet. Das Faktum der Pluralität, dass in der Schule nicht einzelne Kinder und Jugendliche, sondern jeweils bzw. typischerweise Gruppen von Jugendlichen oder Kindern unterrichtet werden und miteinander verhältnismäßig viel Zeit verbringen, ist pädagogisch, sozial und gesellschaftlich von größter Bedeutung (wie auch in den folgenden Unterkapiteln zum Ausdruck kommen soll).

Zunächst seien auf Begrifflichkeit bezogene Überlegungen zu den Bedingungen, die soziale Entwicklung und Bildung – im Sinne allgemeiner *Menschen*bildung (nicht: Allgemeinbildung) – ermöglichen, angebracht. Dabei sei schließlich mit Michael Tomasellos (2009) Konzept der *geteilten Intentionalität* die Bedeutung von scheinbar einfachen sozialen Praktiken hervorgehoben; wie beispielsweise (a) miteinander über etwas reden oder (b) einen gemeinsamen Spaziergang unternehmen oder (c) auch einen Interaktionspartner auf etwas hinweisen, das dieser offenbar noch nicht bemerkt hat (nicht nur intellektuelle Hinweise wie, dass sich der andere nicht bewusst ist, dass sein Argument logisch nicht kohärent sein könnte, sondern auch Hinweise wie z.B., dass dort ein roter Ball ist oder dass ich weiß, wer den roten Ball versteckt hat). Diese Erläuterungen erfolgen anhand der Konzepte der „Zivilität“, des „Gemeinsinns“ und eben der „geteilten Intentionalität“. Schule – das die Hintergrundthese – ist der vorzügliche Ort, an welchem implizites und teilweise auch explizites Wissen und Können dieser Konzepte gelernt und geübt werden. Sollte dazu eine passende These formuliert werden, wäre nicht zuletzt Hannah Arendt zu zitieren, die nach ihrer Kant-Lektüre schreibt: „Man urteilt immer als ein Mitglied einer

Gemeinschaft, geleitet von seinem gemeinschaftlichen Sinn, seinem sensus communis" (Arendt 1998, S. 100).[1]

In der gewaltfreien Auseinandersetzung können Menschen Bereitschaften entwickeln, die den Aufbau moralisch relevanter Fähigkeiten (Kompetenzen) wohl begünstigen, aber selber nicht überzeugend als Kompetenzen, sondern eben eher als Bereitschaften oder gar Tugenden aufzufassen sind. Psychologisch spricht man lieber von Dispositionen oder Motiven. Aber es könnte sein, dass man damit sozusagen die ethische Pointe der willentlichen Anstrengung und des Bemühens der *Person* (und nicht einer Persönlichkeit), einem subjektiv anerkannten Ideal näher zu kommen, aus den Augen verliert.[2] Solche Bereitschaften, die kompetenztheoretisch gar nicht zu fassen sind, aber unterstellt werden müssen, wenn es um den Aufbau korrespondierender Fähigkeiten geht, sind etwa

(a) die Bereitschaft, sich rationalen Argumenten zu beugen und ebensolche zu verwenden,
(b) die Bereitschaft zur Selbstkorrektur in vielfältiger Form,
(c) die Bereitschaft, die Dinge in ihrem Kontext zu beurteilen, unter anderem, wenn es um ethisch relevante Fragen geht, oder auch
(d) die Bereitschaft, die Gesichtspunkte, Bedürfnisse und Nöte der Anderen ernst zu nehmen bzw. anzuerkennen.[3]

Wer sich in diesem Sinn selbst erziehen kann, der hat im Grunde das Stadium der Moral erreicht. Immanuel Kant (1984/1803) hat in seiner Pädagogik vier Stadien der Erziehung unterschieden, namentlich (a) Disziplinierung, (b) Kultivierung, (c) Zivilisierung und (d) Moralisierung.[4] Der einer rigo-

1 *Der Kritik der reinen Vernunft* entnehmen wir übrigens, dass die Urteilskraft ein ganz besonderes Talent sei, das man nicht belehren, sondern nur üben könne; auch könne sein Mangel durch keine Schule ersetzt werden (Kant 1998; KrV, B 172).

2 Mit dem Fokus auf den Willen handelt man sich allerdings wieder neue – begriffliche und vor allem willensethische – Probleme ein (vgl. schon Hartmann 1962[4]).

3 Wer solche Bereitschaften entwickelt hat, scheint insgesamt sozusagen „schwer in Ordnung" zu sein. Da sich diese Person offenbar nun selber erziehen und „zum Besseren" verändern kann, muss und darf sie auch nicht mehr erzogen werden. Jedenfalls ist sie gewappnet, den Raum der pädagogischen Angriffe unbeschadet zu durchschreiten. Das ist bedenkenswert, denn dieser Raum ist zwar vor allem virtuell, expandiert aber, ist etwa so groß wie ein halbes Universum, in der länglichen Ausdehnung so lang wie das Leben dauert.

4 Vor der Disziplinierung kommt übrigens – als Erziehung in der Frühkindheit – die „Wartung".

ristischen Moralauffassung bezichtigte Kant wusste, dass das vierte Stadium, die Moralisierung, keine gesellschaftliche Realität besitzt. Höchstens der Zustand der Zivilisierung, d.h. des anständigen Umgangs zwischen den Menschen, die sich nicht kennen, kann erwartet werden. Der gesellige Umgang ist auch als ästhetisches Verhältnis und Ausdruck städtischer Zivilität zu verstehen, als gesellschaftliche Höchstform, für welche Kant selber ein Musterbeispiel darstellt (vgl. Manthey 2005). Dies sei erwähnt, weil die „aufklärerische Geringschätzung der gesellschaftlichen Umgangsformen" – und, pädagogisch betrachtet, ihrer unterschätzten Bedeutung für die moralische Bildung und Entwicklung des Menschen – das Denken und die Theorie der Moralentwicklung einseitig geprägt hat. Sofern man Kant als Aufklärer bezeichnen kann – und man müsste sehr uninformiert sein, wollte man dies bestreiten –, könnte es also irreführend sein, die Differenz von Sitte und Moral bzw. Konvention und Moral in scheinbarer Aufklärungstradition so zu verstehen, als ob Moral die Überwindung von Sitte und bloßen Konventionen darstellen würde. Natürlich verstecken sich hinter diesem viel beackerten Themenkomplex u.a. auch die Positionen des moralischen Realismus und des moralischen Idealismus. Aus Sicht des Letzteren kapituliert der moralische Realist sozusagen vor der normativen Kraft des Faktischen. Dieselbe als höchsten Maßstab zu akzeptieren, ist ja auch fragwürdig. Denn so kann beispielsweise mit Vittorio Hösle (1997) gefragt werden, welche faktischen Moralvorstellungen sich in Europa und vielleicht weit über Europa hinaus möglicherweise bis heute durchgesetzt hätten, wenn Hitler bzw. das Nazi-Regime über Atombomben verfügt hätte, die ja fast sicher eingesetzt worden wären. Der Idealist andererseits unterstellt die Transzendenz der Moral und der Wahrheit gegenüber dem Sozialen. Dieses edle Motiv wirkt aber für viele, die meinen, mit beiden Füßen auf dem Boden zu stehen, eher naiv. Sympathisch ist vielleicht die Sicht, die Christian Thomasius (geboren 1655, gestorben 1728, also als Kant erst 4 Jahre alt war und sich noch wenig mit der Kategorizität und Imperativität der Moral beschäftigte) im Hinblick auf die Differenz von Moral und Sitte entwickelt hat. Sein Vorschlag löst zwar kein Problem, aber er mildert die Dichotomie von Moral und Sitte etwas ab. Denn nach Thomasius fördert die Sitte nicht das wirklich Gute, aber doch das *mittlere* Gute, und sie verhindert nicht großes Übel, aber doch *mittleres* Übel. Im sogenannten Alltag – der ja nicht umsonst so heißt – haben wir es denn vor allem mit dem mittleren Übel und zum Glück nur sehr selten mit dem richtigen Übel zu tun, und vorwiegend mit dem mittleren Guten und meist nicht mit dem wirklich ganz Guten.[5] Deshalb hat anständiges Verhalten im Alltag eine besondere Bedeutung.

Wenn solches Verhalten vielleicht lebensweltlich nicht mehr immer auf optimale Weise gelernt werden kann, so ist es doch vorzüglich die *Schule*, in der anständiges Verhalten gefordert, gefördert und eingeübt werden kann und muss. Zivilisierte Gesellschaften haben zivilisiertes Verhalten ihrer Mitglieder zur Voraussetzung, die Schule ist einer der wichtigen Orte, an welchem Sozialverhalten im Sinne der Zivilität auf koordinierte und gemeinsame, d.h. kollektive Art und Weise erlernt und vertieft wird.

Zivilität[6]

Zivilität ist nicht Moral, aber ihre „Vorstufe" und „Vorbedingung" (Fumat 2000, S. 107). Sie ist Ausdruck der Tatsache einer fundamentalen Anerkennung, „dass der andere existiert, ein potentieller Interaktionspartner darstellt, dass er ein menschliches Wesen ist mit unterschiedlichen Bezügen und Möglichkeiten" (ebd.). Zivilität stellt auch keine Politik dar, aber durch das Bezugsnetz der intersubjektiven Beziehungen, das sie kreiert, kann sie als Basis des politischen Lebens fungieren (ebd.). Zivilität meint auch nicht Gemeinsinn und *zielt* auch nicht auf Gemeinsinn: Die Individuen begegnen sich, gehen einander aus dem Weg, kontrollieren sich und ihre Begegnungen, z.B. mit Höflichkeitsfloskeln, die lernbar und ihnen vorgegeben sind. Und unabhängig vom individuellen Wollen kreieren sie in diesem Umgang eine *gemeinsame* Welt, eine *vorrechtliche Ordnung*, ohne die Recht und Institution undenkbar wären. Aus diesem Grund ist der Verlust an Zivilität und Anstand, wie er manchmal diagnostiziert wird (z.B. Peyrat 2005), zu Recht zu beklagen. Das zivile Wissen mag vorwiegend impliziter oder latenter Natur sein, es wird aber in den Situationen, in denen fundamentale Anstandsnor-

5 Aus diesem Grund glaube ich, dass man Harry Frankfurt zustimmen kann, als er vor wenigen Jahren schrieb: „Wir müssen moralische Fragestellungen ernst nehmen, das bedarf kaum einer Erwähnung. Dennoch denke ich, dass die Relevanz, die der Moral für unsere Lebensführung zukommt, tendenziell überbewertet wird. Die Moral ist weniger einschlägig für die Bildung unserer Präferenzen und die Orientierung unseres Verhaltens, sie gibt uns weniger Auskunft über die Fragen, was wir schätzen und wie wir leben sollen, als man gemeinhin annimmt. Außerdem kommt ihr nicht so viel Autorität zu, wie man meint. Selbst wenn sie Wichtiges mitzuteilen hat, hat sie nicht notwendigerweise das letzte Wort" (Frankfurt 2005, S. 10).

6 Vgl. Reichenbach (2008).

men missachtet werden, (zumindest kurzweilig) explizit oder manifest. „Die Art, wie wir auf die Verletzung unbefragter Basisannahmen des wechselseitigen Respekts reagieren", so formuliert Peter Alheit (2000, S.11), „zeigt, wie tief ein ziviler Habitus in unserer Einstellung zur Welt verankert ist". Man ist bei dieser Feststellung an Erving Goffman und seine Einsicht erinnert, dass Konventionen der Höflichkeit bloß als „Konventionen" wahrgenommen werden, quasi kontingent und fast schon überflüssig, dass aber ihr Fehlen alarmierende Effekte hat. Dass es ohne Zivilität keine Sicherheit geben kann, keine Moral, kein Recht und keine Politik, weiß man. Doch dieses Wissen gehört unter anderem im Bereich pädagogischer Theorie zu den *heute* ignorierten und missverstandenen Selbstverständlichkeiten.

Während auf die Kategorie der Zivilität im kompetenztheoretisch dominierten Diskurs um Bildung und Demokratie vielleicht nicht an erster Stelle rekurriert wird, so scheint die Kategorie des Anstandes im gleichen Zusammenhang mindestens ebenso arbiträr und peripher zu sein. Vielleicht ist sie auch nicht gern gesehen, da konservativ oder bieder anmutend. Allerdings sind die beiden Begriffe verwandt und ihre Geschichte ist vielfältig (vgl. Elwitz 1973). Als im 18. Jahrhundert egalitäre Ideale „aufzudämmern" begannen und der höfische Bezugsrahmen, „auf den die ständisch differenzierte Gesellschaftsethik mit ihrer Etikette schielte" (Vec 2004, S. 98), zunehmend suspekter wurde, interessierten eher Moral und Recht und der „Verlust der guten Sitte" (Schneiders 1985) konnte durchaus als hinnehmbar erscheinen. Nicht nur der gemeinsame Ursprung von Moral, Recht und Sitte, sondern auch der bestehende innere Zusammenhang von Sitte und Moral sowie die Funktion der Sitte für Moral konnten in aufklärerischer Manier, sozusagen enthusiastisch-vorausschauend ignoriert werden. Sicher ist es übertrieben, es mit Milos Vec so zu formulieren: „Das Jahrhundert der Aufklärung hinterlässt keine Gedächtnisspur" (Vec 2004, S. 98). Doch „Zivilität" kann im Anschluss an Norbert Elias' vielzitierte Untersuchungen zum „Prozess der Zivilisation" (1969) als eine besondere Form der Mäßigung und der Selbstbeherrschung begriffen werden, die ihrerseits dem gewaltfreien Umgang zwischen den Menschen dienlich sind (Alheit 2000, S. 12). Insofern könnte „Zivilität" moralpädagogisch und -psychologisch attraktiv sein oder sollte es sein, während „Anstand" mitunter abschätzig als „bloß" konventionell verurteilt wird, wiewohl das mit ihm Gemeinte dem angenehmen Leben dienlich ist, aber nicht von ebenso fundamentaler Bedeutung wie Recht und Moral erscheinen kann.

Der Anstand – lateinisch *decorum* (Vec 2004, S. 75) – betrifft eine Kategorie von Normen, „die potenziell auf jeden menschlichen Lebensbereich Anwendung finden können" (S. 76), deren Quellen diffus sein mögen (ebd., S. 79). Mit dem Recht teilt die Sitte die Funktion, „dem äußeren gesellschaftlichen Frieden zu dienen" (ebd., S. 83). Die Ursachen des Umstandes, dass die Sitte – Decorum, Anstand (die Begriffe können an dieser Stelle austauschbar verwendet werden) – heute nicht den gleichen Stellenwert aufweist, d.h. nicht als ein gleichberechtigtes Gebiet neben Recht und Moral steht, hat Vec in seiner Diskussion der Theorie bzw. Schriften Christian Thomasius' analysiert. Der Sitte würde nun einmal nicht die inhaltliche Würde des Rechts und der Moral anhaften: „Gebote, den Nächsten zu lieben oder nicht zu töten, haben ein ganz anderes materielles Pathos als die Konvention einer bestimmten Anredeformel" (ebd., S. 91). Das Decorum erscheint auch vom intellektuellen bzw. theoretischen Standpunkt wenig attraktiv, allerdings kann die Decorum-Theorie als eine vormoderne Theorie der sozialen Normen betrachtet werden (ebd., S. 96). Thomasius hat erkannt, dass Decorum „zugleich Norm und Normerfüllung" bedeutet und deshalb für die Staats- und Gesellschaftsordnung eine „stabilisierende Form" (ebd., S. 94) einnimmt. Allerdings ändern sich die Sitten.[7] Manchmal mit ambivalentem Ausgang. Richard Sennett (1986) analysierte, wie die Öffentlichkeit des 18. Jahrhunderts in Europa von gesellschaftlichen Konventionen begleitet war, die das menschliche Verhalten bestimmt haben. Diese Konventionen, die heute als steif, einengend oder künstlich beurteilt werden, ermöglichten eine Distanzierung der Gefühlswelt (Intimität) von der Öffentlichkeit, in welcher Weltbürgertum und Höflichkeit gefordert waren (ebd., S. 71–171). Die klare Definition „öffentlicher Rollen" (ebd., S. 92–121) führte nach Sennett keineswegs nur zu einer gewissen Steifheit, sie ermöglichte vielmehr auch, dass fremde Menschen – auch ungleichen Standes – in der Öffentlichkeit ohne Weiteres in geselliger – und „anständiger" – Weise ins Gespräch kommen konnten, ohne sich aufgerufen zu fühlen (fühlen zu müssen), sich nach einer

[7] Gleichzeitig aber sei schon für Thomasius einsichtig gewesen, dass sich die Sitten wandeln, die Stabilität der Sitte also begrenzt und Sitte dadurch dynamisch wirksam ist: „Die ständisch differenzierten Sitten sind bei Thomasius nichts als die vorübergehenden Erscheinungsformen einer sich wandelnden Gesellschaft". Gerade die Nachahmung der Sitten der vornehmeren Stände bewirk(t)e, dass „sich die Bürger eben nicht am Verhalten strikt standesgleicher Mitmenschen ausrichten, sondern nach dem Habitus höher stehender Personen streben. Die soziale Distinktion wird auf diese Weise geradezu zum Innovationsantrieb" (Vec 2004, S. 94 f.).

bestimmten Zeit die – wie es Christopher Lasch genannt hat – „tiefinnersten Geheimnisse zu enthüllen“ (Lasch 1979, S. 45). Die strikte Trennung von Öffentlichkeit und Privatsphäre bildete nicht einen Gegensatz, vielmehr waren die „Formen öffentlichen und privaten Ausdrucks (…) gleichsam zwei Atome eines Moleküls. In der Öffentlichkeit begegnete man dem Problem der gesellschaftlichen Ordnung, indem man Zeichen schuf; in der Privatsphäre begegnete man dem Problem der Versorgung der Kinder, indem man auf transzendentale Prinzipien zurückgriff. Die Impulse, welche die Öffentlichkeit beherrschten, waren Wille und Kunstgriff; die Privatsphäre dagegen war vom Impuls bestimmt, alles Künstliche abzustreifen. Das Öffentliche war ‚Kreation‘, das Private ‚Kondition‘ des Menschen“ (Sennett 1986, S. 133 f.). Die Balance zwischen den beiden Sphären ist mit einer Qualität aufrechterhalten worden, die wir als das „Unpersönliche“ bezeichnen würden. Der „individuelle Charakter“ sei weder für die eine noch die andere Sphäre regulativ gewesen. Beschränkt waren die Konventionen der Öffentlichkeit nur durch die „natürlichen Sympathien“. Die heute abstrakt und gestaltlos gewordene Idee natürlicher Rechte ist als Prinzip der Naturordnung und damit als Mäßigung verstanden worden, auf die hin die gesellschaftlichen Konventionen überprüft worden sind, wenn diese „ein Übermaß an Leiden und Schmerz“ hervorgerufen haben (ebd., S. 134).

Nachdem jedoch im 18. Jahrhundert damit begonnen wurde, „mit dem Begriff der Freiheit zu experimentieren“, sei eine Idee in den Umlauf gekommen, die nicht dem Prinzip der Mäßigung unterlegen habe: „Freiheit als Prinzip oder Struktur gesellschaftlicher Beziehungen ließ sich weder mit der Idee der Konvention noch mit der Idee der natürlichen Sympathien begreifen“ (ebd.). Der Begriff der Freiheit habe das „Molekül aus Öffentlichkeit und Privatsphäre“ gesprengt, welches vorher nur deshalb habe zusammenhalten können, „weil der individuelle Charakter nicht die Grundlage der Gesellschaft bildete“ (ebd.).

Anstand ist Abstand[8]

Yveline Fumat (2000) interpretierte Zivilität als die Kunst des richtigen *Abstands*. Die kalkulierte Unaufmerksamkeit in den scheinbar unwichti-

8 Vgl. Reichenbach (2008).

gen Begegnungen von Individuen, etwa auf der Straße im urbanen Umfeld, ist eine erste wichtige Form von Zivilität (ebd., S. 104). Man muss körperliche Zusammenstöße vermeiden, den direkten Blick, jegliches Anstarren und Überinteresse, ebenso aber zu große und zu sensible Nähe, im physischen wie im übertragenen Sinn: Der Andere muss sein Gesicht bewahren können, Diskretion ist angesagt (Gracián 2004). Man muss dem Anderen nicht alles mitteilen, was man über ihn weiß oder denkt (es ist nicht nötig und kann destruktiv sein). Es gehört aber auch zum *anständigen* Menschen, dass er nicht nur kein Wahrheitsfanatiker, sondern auch fähig ist, manchmal „fünf gerade sein zu lassen", manchmal „ein Auge zudrücken" zu können, die Dinge nicht immer ins grelle Licht zu zerren. Manchmal geht es darum, dass bestimmte Dinge besser im Dunkeln verbleiben, manchmal geht es darum, sie in einem bestimmten und vielleicht nicht hellsten Licht erscheinen zu lassen. Ein „anständiger" Mensch weiß also, dass die Wahrheit *nicht nur aufklärt, sondern auch zerstört* – und dass das, was sie zerstört, keineswegs nur „falsches Meinen" ist, sondern durchaus produktive bzw. „positive Illusionen" sein können, also *Vorurteile, die das Leben menschlicher machen* und der Entwicklung des Einzelmenschen dienlich sein können. Die Annahme, dass strikte Vorurteilslosigkeit die Welt menschlicher machen würde, ist selber nur ein Vorurteil, eines zweiter Stufe (ein Vorurteil über oder gegen das Vorurteil). Die Urteilskraft, sofern sie ohne Einbildungskraft nicht wirksam sein kann, ist im Grunde immer auch eine *Vor*-Urteilskraft. Wie dem auch sei, jedenfalls muss der „Wahn der Wahrhaftigkeit (…) manchmal der Normalität des Nichtwissens und dem Halbdunkel der Diskretion" weichen (Hondrich 2002, S. 163).

Zivilgesellschaften gründen auf Zivilität. Diese kann mit Stephen L. Carter (1998) versuchsweise als die Summe der Opfer verstanden werden, die wir für das Zusammenleben erbringen müssen. Doch Zivilität heißt zunächst Anstand, Abstand und schöner Schein, allenfalls Täuschung. Man mag sich am Begriff der Täuschung stoßen und vorschlagen, lieber „mimesis" (griechisch „Nachahmung", eigentlich „Vorahmung") oder „imitatio" (lateinisch) zu gebrauchen, aber diese Begrifflichkeiten, die in zeitgenössischen Täuschungstheorien auch nicht benutzt werden, bringen die moralisch-ethische Ambivalenz kaum zum Ausdruck, die mit „Täuschung" einhergeht und für den Kontext bedeutsam ist. Selbst Kant konnte der Täuschung vergleichsweise positive Seiten abgewinnen (vgl. Kapitel 5).

Voll- und *daueraufrichtige Gesellschaften* wären unfreundliche Verbände von authentischen Antipathie-Molekülen. Offenheit und Wahrhaftigkeit halten im Grunde überhaupt nichts zusammen, auch keine modernen Gesellschaften. Umgekehrt „weiß man“ in „höflichen“ Verbänden, dass es nicht immer um das *Gute*, das *Schöne* und das *Wahre* geht, sondern manchmal vor allem um das *Schickliche*, *Gefällige* und *Angemessene*, d.h. um sozialverträgliche Arrangements unter suboptimalen Ausgangsbedingungen. Der fanatischen Suche nach Wahrheit und der schnellen persönlichen Verurteilung einzelner wird hier misstraut.

Der „zivilisierte Mensch“, so Sennett mit Blick auf das 18. Jahrhundert, „legt Wert auf ‚Unpersönlichkeit‘ und gebraucht eine Sprache, die den Rekurs auf die Identität der Sprecher vermeidet“ (1994, S. 111). Die „Vorzüge einer gewissen Verstellung“ (ebd., S. 109) liegen bzw. lagen darin, der „Außenwelt einen spezifischen Eigenwert zu verleihen“, sie von „obsessiver Innerlichkeit“ zu befreien (ebd., S. 111). Während die „Maske der Tugend“ den Vertretern der Aufklärung als „Symbol für die Falschheit der Zivilisation“ (ebd.) gegolten habe, musste in den Nachwirren der Französischen Revolution festgestellt werden, welch „fatale Folgen“ die „Strategie wider die Oberflächlichkeit“ – wider den schönen Schein – aufweisen konnte (ebd., S. 114). Es galt nun, seine „wirklichen Anschauungen“ und seine „wahre Identität“ preiszugeben, sein „wahres Selbst“ zu entblößen. Gefährliche Zeiten: „Die Makel zivilisierter Vergangenheit, Spuren der Befangenheit, Höflichkeit, Ironie, konnten zum gesellschaftlichen Todesurteil werden“ (ebd.).

Kurz: Die aufklärerische Geringschätzung der gesellschaftlichen Umgangsformen ist ein weites Feld, in welchem u.a. die Unterschiede zwischen einer „Ethik der Konversation“ und einer „Moral der Kommunikation“ interessieren sollten (vgl. Casale 2005, 2006).

Gemeinsinn und geteilte Intentionalität[9]

Zivilität fördert Gemeinsinn und Gemeinsinn fördert Zivilität. Der Gemeinsinn ist ein besonderer *Sinn*. Wie die anderen Sinne teilen wir den Gemeinsinn mit den Anderen. Es handelt sich, wie Arendt in ihrer unab-

[9] Vgl. Reichenbach (2005).

geschlossenen Studie zum Urteilen, d.h. zu Kants *Politischer Philosophie*, festhält, um einen „Sondersinn, der uns in eine Gemeinschaft einfügt" (1998, S. 94). In einer gedanklich vielleicht wenig durchdrungenen Variante ist Gemeinsinn einfach ein anderer Begriff für den sogenannten gesunden Menschenverstand, steht also für einen *Sinn* für das Richtige (aber auch Angemessene oder Schickliche), ohne dass darüber tiefschürfend nachgedacht werden müsste. Präferiert man eine etwas einsichtigere Variante, so kann der „gesunde Menschenverstand" mit Kant[10] mit den wohlbekannten „grundlegenden Maximen" definiert werden. Der „gesunde" Menschenverstand beinhaltet nach Kant die Fähigkeiten

(a) selbst zu denken („Selbstdenken"), *Maxime der Aufklärung*;

(b) „an der Stelle jedes andern denken", *Maxime der erweiterten Denkungsart*; und

(c) „jederzeit mit sich selbst einstimmig (zu) denken", *Maxime der Widerspruchsfreiheit* (Kant 1991, S. 214 f.).

Interessante Aspekte dieser Bestimmung liegen etwa darin, dass Gemeinsinn bei Kant etwas mit Denken zu tun hat, nicht einfach mit Einstellungen oder Eigenschaften. Es handelt sich aber nicht um eine „Angelegenheit der Erkenntnis", denn die „Wahrheit ist zwingend, man braucht keine ‚Maximen'. Maximen", so Arendt, „gibt es nur für Angelegenheiten der Meinung und bei Urteilen; hier werden sie auch benötigt" (1998, S. 95). Weiter ist bemerkenswert, dass es gerade nicht darum geht, *wie* die anderen zu denken, sondern möglichst *unabhängig* von allen anderen zu denken, aber so, dass auch *deren Perspektive* eingenommen wird und mein Denken insgesamt *kohärent*, nicht widersprüchlich ist. Der Gemeinsinn ist, mit anderen Worten, eine Fähigkeit, die entwickelt, geübt und erworben werden muss, durch das Denken und Nachdenken selber. Denken hat zunächst nahezu nichts mit Intelligenz zu tun, und es kann nicht verstanden werden, wenn wir diffus von sogenannten „kognitiven Prozessen" sprechen. Denken und Nachdenken sind Gewohnheiten – im Grunde nicht einmal Gewohnheiten des Kopfes, sondern eher „habits of the heart"[11] – und diese Gewohnheiten korrelieren nicht mit dem, was wir „Intelligenz" nennen. Genau gleich, wie wir Menschen kennen, die – obwohl nur wenig intelligent – es gewohnt sind, zu denken und auch denken können, gibt es intelligente Menschen,

10 Kant (1991/1790), S. 214 f.

11 Vgl. Bellah et al. (1996).

die leider eines weder tun noch können: *denken*. Nicht-Denken ist ein *soziales* und *kein individuelles* Problem, die Gedankenlosigkeit ist ein *gesellschaftliches* und *kein persönliches* Übel. Der gesunde Menschenverstand ist ein Ergebnis des Denkens und Nachdenkens, eine Fähigkeit, die auch verloren gehen kann, genau gleich, wie man es sich abgewöhnen kann, nachzudenken – vielleicht weil man erfahren musste, wie wenig effektiv, wie wenig effizient das Denken doch oft ist, wie wenig produktiv, sondern vielmehr oft destruktiv, die bloßen Meinungen und auch gute Vorurteile zerstörend.

Doch letztlich entwickelt sich der Gemeinsinn erst in einer Kultur der Nachdenklichkeit, des Fragens und des Zweifelns und *nicht* in der Übernahme bloßer Meinungen und Einstellungen, mögen diese noch so nützlich und angepasst sein. Die Nachdenklichkeit, das Fragen und der Zweifel beziehen sich natürlich primär auf unseren Umgang mit uns selbst und mit den Anderen.

Die Studie *Ursprünge der menschlichen Kommunikation* von Michael Tomasello (2009) wurde in einer Besprechung von Jürgen Habermas zu Recht sehr gelobt, wohl auch deshalb, weil Tomasello zentrale Annahmen der Theorie des kommunikativen Handelns von Habermas (1981, 1983) sozusagen aus der Sicht des Primatenforschers bestätigt, insbesondere die These, wonach die Ursprünge der symbolisch vermittelten Interaktion – Sprache – in der gestenvermittelten Interaktion zu finden sind, was sowohl phylogenetisch wie auch ontogenetisch zutreffe.

Tomasello unterscheidet drei wesentliche Kommunikationsmotive, die für die menschliche Interaktion typisch seien, namentlich

(a) Auffordern: Ich will, dass Sie etwas tun, *um mir zu helfen* (um Hilfe oder Information bitten);

(b) Informieren: Ich will, dass Sie von etwas Kenntnis nehmen, weil *ich glaube, dass es Ihnen helfen oder Sie interessieren wird* (Hilfe anbieten, einschließlich Information); und

(c) Teilen: Ich will, dass Sie etwas Bestimmtes fühlen, damit *wir Einstellungen/Gefühle miteinander teilen können* (Teilen von Emotionen oder Einstellungen) (Tomasello 2009, S. 99).

An den Zeigegesten und den ikonischen Gesten zeigt Tomasello, wie viel gemeinsamer begrifflicher Hintergrund und/oder implizites Wissen notwendig ist, damit soziale Intentionen verstanden werden können. Die Beispiele für das Erwachsenenalter scheinen einigermaßen evident zu sein. Etwa: „Ich stehe im hinteren Teil des Flugzeugs, in der Nähe der Toilette, um mich ein bisschen auszustrecken. Ein Frau nähert sich, und als sie mich sieht, zeigt sie mit fragendem Blick auf die Toilettentür." Die Geste soll heißen: „Richte deine Aufmerksamkeit auf die Toilette; wartest du, dass sie frei wird?" (Tomasello 2009, S. 75). Um die soziale Intention der Frau zu verstehen, wird ein gemeinsamer begrifflicher Hintergrund zwischen den beiden – ein „common ground" – benötigt; z.B. hinsichtlich (a) Flugzeugen und Flugzeugtoiletten, (b) Biologie des Menschen, (c) Abfallentsorgung, (d) Schlange stehen, (e) Höflichkeitskonventionen und anderes mehr, wenn auch möglicherweise in einer basalen Ausprägung. Weniger evident und dafür umso interessanter sind die Kommunikationen bzw. menschlichen Kooperationen mit Kleinkindern. Selbst „vorsprachliche Kleinkinder" kommunizieren nach Tomasello „auf viel komplexere Weisen durch Gesten als Affen, obwohl ihre begrifflichen Fähigkeiten vielleicht nicht viel größer sind" (ebd., S. 85). Es handelt sich um die Fähigkeit, Akte *gemeinsamer Intentionalität* zu erzeugen. Ein einfaches Beispiel, das Tomasello von Margaret Gilbert (1989) übernimmt, betrifft das gemeinsame Spazierengehen (als eine relativ einfache gemeinschaftliche Tätigkeit). Wenn man nebeneinander hergeht, kann das unvermittelte, plötzliche Abbiegen des einen Partners als eine Art Verstoß betrachtet werden („wir sind eine gemeinsame Verpflichtung eingegangen, zusammen spazieren zu gehen, und daher gelten nun bestimmte soziale Normen ..."). Aus diesen scheinbar lockeren Bindungen entstehen Verbindlichkeiten, die auf einem gemeinsamen bzw. geteilten Hintergrund aufbauen.

Dimensionen dieses Zusammenspiels oder Teilens können sein

(a) die gemeinsame *Aufmerksamkeit* (unmittelbare Wahrnehmungsumgebung) *oder* gemeinsame *Erfahrungen* in der Vergangenheit;

(b) der gemeinsame *Hintergrund*, sei er erzeugt von *Top-down-Prozessen* (z.B. durch ein gemeinsames Ziel, welches dann bedingt, dass die Interaktionspartner sich auf bestimmte Dinge konzentrieren, die der Erreichung des Zieles dienlich sind, und nicht auf andere ...) oder erzeugt durch *Bottom-up-Prozesse* (z.B. haben wir ein lautes Geräusch gehört und wissen gemeinsam, dass wir es gehört haben, oder wir haben beide gesehen, dass unser Nachbar von der Polizei abgeführt worden ist ...); und/oder

(c) die *verallgemeinerte Erfahrung*: kulturelles Wissen (vgl. Tomasello 2009, S. 89–91).

Das implizite, gemeinsam geteilte Wissen hinsichtlich der Möglichkeiten zu reagieren und der Verbindlichkeiten bzw. sozialen Erwartungen ist groß.

So „geht es z.B. nicht an“, (a) meinen Kommunikationsversuch „Hallo Richard“ einfach zu ignorieren; oder (b) meine Frage und Bitte „Können Sie mir das Salz reichen?“ einfach mit „Nein“ zu beantworten; oder (c) meine Information „Haben Sie gehört, dass heute Bob Dylan in der Stadt ist?“ mit „Ich glaube Ihnen nicht“ zu erwidern; oder (d) – und um ein letztes von Tomasello erläutertes Beispiel zu nennen – Ihnen zu sagen, für wie töricht ich Religion halte, nachdem Sie mir zum Ausdruck gebracht haben, wie wichtig sie für Sie ist ... (ebd., S. 104). Alle diese und ähnliche Verhaltensweisen können die Beziehung beschädigen, und zwar deshalb, weil Beziehungen auf *gemeinsamen Einstellungen zur Welt* aufgebaut sind. Das ist der entscheidende Punkt.

Es ist an dieser Stelle weder nötig noch möglich, die Komponenten des Kooperationsmodells menschlicher Kommunikation nach Tomasello vertieft zu erläutern. Nur dies: Es fokussiert u.a., dass Menschen ihre individuellen Ziele in weiten Bereichen durch soziale Intentionen verfolgen bzw. realisieren können, welche kommunikative Absichten erfordern, die von referentiellen Intentionen, d.h. dem *Lenken der Aufmerksamkeit auf eine Bezugssituation der Außenwelt*, begleitet werden. Dieses Lenken der Aufmerksamkeit ist nur innerhalb wechselseitiger Annahmen oder Kooperationsnormen innerhalb eines gemeinsamen Hintergrunds erfolgreich. Interessant ist dieses Modell, welches als ein sozial-evolutionärer Vorschlag des Zustandekommens von Gemeinsinn verstanden werden kann, auch und gerade in pädagogischer Hinsicht, etwa aus der Perspektive der sogenannten „operativen Pädagogik“, welche im Zeigen die Grundoperation des Erziehens erkennt (vgl. Prange 2005).

Abschließend sei darauf hingewiesen, dass Sprache als verallgemeinerte geteilte Intentionalität begriffen werden kann.

> „Sprechhandlungen sind gesellschaftliche Handlungen, die eine Person absichtlich an eine andere richtet (und hervorhebt, dass sie dies tut), um deren Aufmerksamkeit und Vorstellungskraft auf bestimmte Weise zu lenken, so dass sie das tut, weiß oder fühlt, was die erste Person von ihr will. (...) Die Sprache, oder besser die sprachliche Kommunikation, ist daher nicht irgendeine Art von formalem oder sonstigem Gegenstand; vielmehr ist sie eine Form gesellschaftlichen Handelns, konstituiert durch gesellschaftliche Konventionen, um gesellschaftliche Zwecke zu erreichen, welche zumindest auf einem gewissen geteilten Verstehen und geteilten Zielen der Benutzer beruhen.“
>
> (Tomasello 2009, S. 363)

Wiewohl die Doppelfunktion der Sprache, nämlich die *individuierende* und *vergemeinschaftende* Funktion spätestens von Habermas (1981 & 1991) hervorgehoben wurde, wird vielleicht weniger beachtet – zumindest in der deutschsprachigen pädagogischen Theorie –, welch fundamentaler (und nicht im Geringsten nur instrumenteller) Beitrag der Sprache und dem Spracherwerb für den Aufbau des Sinnes für angemessene Urteile, u.a. in moralischen Angelegenheiten, zukommt. Ohne die Bedeutung des Gemeinsinns (in irgendeiner angemessenen Form) zu berücksichtigen, wird soziale Entwicklung individualistisch verkürzt. Ganz mit Arendt (1998) bzw. Kant kann ergänzt werden, dass der Gemeinsinn, „sensus communis (...) der spezifisch menschliche Sinn [ist], weil die Kommunikation, d.h. die Sprache, von ihm abhängt", denn: „Um unsere Bedürfnisse zur Kenntnis zu bringen, um Furcht, Freude etc. *auszudrücken*, würden wir die Sprache nicht brauchen", denn „Kommunikation ist nicht Ausdruck" (ebd., S. 94). Vielmehr gilt, dass „verrückt" zu sein – hier ganz in der Sprache Arendts – immer auf irgendeine Weise den Verlust des Gemeinsinns *(sensus communis)* und das Eintreten des logischen Eigensinns *(sensus privatus)* bedeutet (S. 95). Um es mit noch anderen Worten zu sagen: „Wenn man urteilt, urteilt man als ein Mitglied einer Gemeinschaft. Das liegt an der Natur der Urteilskraft ..." (ebd., S. 97).

Ohne die Kategorien der Zivilität, des Anstandes und des Gemeinsinnes – bzw. entsprechende Äquivalente – erscheint Schule als ein Lehren und Lernen im *Kollektiv* in pädagogischer Hinsicht unterbewertet zu sein. Die Verkennung und häufig bloß im Hinblick auf die problematischen Seiten der schulischen Sozialisation interessierenden Dimensionen bedürfen einer Korrektur sowohl in der pädagogischen Theorie als auch der pädagogischen Identität der Lehrerinnen und Lehrer. Die außerpädagogischen Zwecke der Schule dominieren den Diskurs zu Schule und Lernen im öffentlichen Diskurs. Dass die Schule nicht nur die Funktion hat, Einzelmenschen zu unterrichten, zu fördern und zu beurteilen, sondern eine für moderne Gesellschaften konstitutive Rolle im Erwerb der allgemeinen Gesellschaftstauglichkeit ihrer Mitglieder übernimmt und weitestgehend gut ausübt, gehört wohl zu den vernachlässigten Gesichtspunkten im kritischen und weniger kritischen pädagogischen Diskurs. Damit ist keineswegs gemeint, dass man sich mit dem Status quo der Schule zufriedengeben muss, sondern vielmehr, dass ein Verzicht auf eine pädagogisch-affirmative Sicht auf Schule – und ihre Realität – letztlich der Schule selbst schadet und überzeugender Schulkritik den Ort nimmt.

2. Zur Personalität des Lehrens

These: Die zentralen Akteure der Schule sind Lehrerinnen und Lehrer, die über eine artikulierte pädagogische Identität verfügen. Während professionelle Kompetenzen für die Lehrberufe unabdingbar sind, ist das Lehren im Kern eine personale Angelegenheit. Zwei schleichende Entwicklungen unterhöhlen in letzter Zeit tendenziell die gesellschaftliche Anerkennung der Institution Schule und damit auch der Lehrperson: das „sinnfreie" Lernen und das „Verschwinden der Person" – diese Tendenzen können als Nebeneffekte zweier Affirmationen verstanden werden: Dass es erstens weniger auf das Lehren als vielmehr das Lernen ankomme (und ankommen soll), und dass man sich weniger auf Inhalte als auf zu erwerbende Kompetenzen zu konzentrieren habe.

Eine gewisse Leidenschaft für die Welt

In einer Befragung in England stellte sich der Lehrberuf als der am wenigsten langweilige Beruf heraus. Die Lehrpersonen fühlen von den sechzehn befragten Berufsgruppen am wenigsten Langeweile bei ihrer Arbeit. Das könnte schon ein sehr guter Grund sein, diesen Beruf zu ergreifen. Es könnte auch Grund sein, ihn lieber nicht zu ergreifen. Ist vielleicht die psychische Belastung dieses Berufes doch zu hoch? Dann lieber zum Beispiel eine administrative Tätigkeit übernehmen, denn in diesem Bereich erreichten die Befragten den letzten Rang, d.h. sie fühlen am meisten Langeweile, leiden also am stärksten an der Zeit, die nicht vergeht. Doch ist es ein gutes Zeichen, wenn das Weltall auch am Arbeitsplatz zu gähnen beginnt und die Arbeitstage wie Sonntagnachmittage anmuten?

Der Umstand, dass im Lehrberuf offenbar so wenig Langeweile erfahren wird, besitzt freilich eine ironische Pointe, denn wir alle wissen ja auch, dass die Langeweile umgekehrt eines der häufigsten Gefühle in der Schule ist, aber eben vor allem auf Seiten der Schülerinnen und Schüler. Das ist normal und lässt sich nicht ändern, denn niemand kann sich für alles, was über die ganzen Jahre in so unterschiedlichen Fächern wie Sport, Mathematik oder Biologie unterrichtet wird, immer gleichermaßen intensiv interessieren. Doch die Lehrperson steht vor der Herausforderung, ihre Schülerinnen und Schüler möglichst für die Sache zu interessieren. Die Lehrperson scheitert als Berufsperson nicht, wenn ihr dies nicht gelingt, sie scheitert aus pädagogischer Sicht vielmehr, wenn sie dies nicht jeden Tag neu versucht. Wer immer wieder neu für die Sache begeistern will, der oder die sollte Lehrer oder Lehrerin sein. Jedenfalls sind solche Personen den Kindern und Jugendlichen nur zu wünschen.

Doch wie soll das möglich sein? Es ist nicht jeder Lehrerin und jedem Lehrer vergönnt, vor die Klasse zu treten und dieselbe dafür zu gewinnen, sich für eine ganze Weile hundertprozentig z.B. auf das Verhalten von Stichlingen, die Binomischen Formeln oder den Kontrapunkt der Fuge zu konzentrieren. Wer aber diese Fähigkeit besitzt oder besitzen will, muss selbst vom Verhalten der Stichlinge, den Binomischen Formeln bzw. der Fuge fasziniert und von einem pädagogischen Willen des Zeigens beseelt sein. Das, was gezeigt werden soll, ist die Sache, und die Sache ist von der Autorität des Wissens und der Kultur umgeben, welche die Lehrperson zu verkörpern hat (und welche die Lehrperson stützt und schützt). Die Sache war für Wilhelm v. Humboldt schlicht die „Welt", an der wir uns abarbeiten und unsere Kräfte bilden. Ohne eine gewisse Leidenschaft für diese Welt fehlt dem Lehrberuf fast alles, jedenfalls das Wichtigste.

Wohl sollte also nur Lehrerin oder Lehrer sein, wer die Welt kennt und liebt. Der polnische Arzt und Reformpädagoge Janusz Korczak schrieb 1928 etwas bitter: „Unter den Erziehern finden wir außer brutalen Schlauköpfen und Misanthropen Versager, die überall Schiffbruch erlitten haben und unfähig sind, eine verantwortliche Stelle zu übernehmen" (Korczak 1979, S. 19). So sollte es nicht sein, allerdings räumte Korczak auch ein: „(...) die Schule hat ihre Fehler, und viele Menschen denken ständig darüber nach, wie man sie besser machen könnte; aber was wäre, wenn man alle Schulen schließen wollte, nur weil sie nicht vollkommen sind? Auch die Lehrer sind nicht ideal, aber eher wir keine besseren finden, müssen wir sie nehmen, wie sie sind" (ebd., S. 81).

Auch die meisten Schülerinnen und Schüler sind nicht ideal: Sie zu nehmen, wie sie eben sind, und ihnen allen ohne Unterschied Vielfalt und Schönheit sowie Chaos und Ordnung der Welt zu vermitteln versuchen, sind vielleicht die beiden größten Herausforderungen des Lehrberufs. Wenn es im Lehrberuf eine Leidenschaft gibt, so hat sie sich also ausschließlich auf die Vermittlung der Welt zu beziehen, sicher nicht auf die Schülerinnen und Schüler! Wissen und die Weitergabe des Wissens sind intrinsisch verbunden. Natürlich sind die Kreation und Weitergabe des Wissens nicht nur vom Generationswechsel, sondern auch von den Differenzen zwischen den Generationen und manchmal von Generationenkonflikten geprägt. Lehrerinnen und Lehrer stehen nicht nur im Geschäft der Vermittlung von Wissen und Können, sondern sind für die Kinder und Jugendlichen sowie die Eltern mitunter wesentliche Vermittler zwischen den Generationen.

Die Art der Vermittlung von Wissen und Können sowie die Gegenstände des Lehrens variieren freilich mit dem Alter der zu unterrichtenden Kinder und Jugendlichen bzw. der Schulstufe. Das Wesen der Kinder auf der Grundstufe und die Möglichkeiten und Herausforderungen, sie anzuleiten, zu unterrichten, zu unterstützen und zu fördern, weisen freilich andere Qualitäten auf als bei pubertierenden Jugendlichen auf der Mittelstufe oder Adoleszenten und jungen Erwachsenen der Sekundarstufe II. Gleich bleibt sich, dass Lehrpersonen eine bedeutende, manchmal sogar entscheidende Rolle im Leben der Kinder und Jugendlichen einnehmen, im Positiven wie im Negativen.

Leider wird die Bedeutung der Lehrperson – als lehrende Person – unterschätzt. In einigen Ländern wird ein „Teacher's Day" – ein Tag der Lehrerinnen und Lehrer – gefeiert. Der „World Teacher's Day" findet offiziell am 5. Oktober statt, er wurde von der UNESCO anerkannt. In Südkorea z.B. wird der Teacher's Day am 15. Mai gefeiert. In der *The Korean Times* vom 15.5.2012 (S. 3) wird mit einer gewissen Sorge berichtet, dass zwei von drei Koreanern im Alter von 20 bis 40 Jahren nicht vorhaben, ihren Lieblingslehrer, ihre Lieblingslehrerin zu besuchen. Denn am Lehrerinnen- und Lehrertag sollten Menschen bis etwa im Alter von 40 Jahren ihren persönlichen Favoriten – gleich welcher Stufe (vom Kindergarten bis in die Universität) – besuchen. Man stelle sich vor, ein Drittel aller 20- bis 40-Jährigen in Deutschland, Österreich oder in der Schweiz würde jedes Jahr an einem bestimmten Tag ihre Lieblingslehrerin oder ihren Lieblingslehrer besuchen oder kontaktieren und ihr oder ihm ein kleines Geschenk überbringen und damit ihre Achtung und Dankbarkeit ausdrücken. Von den befragten Südkoreanern nehmen 37,2 % den Teacher's Day „ganz ernst", immerhin 22,2 % der ehemaligen Schülerinnen und Schüler wollen eine oder einen ihrer Lehrerinnen oder Lehrer aufsuchen, während 15 % „nur" telefonieren wollen oder können. Die Gründe der Befragten, die nicht beabsichtigen, ihre Lehrperson aufzusuchen, sind keineswegs Desinteresse, sondern vor allem berufliche Belastung und das Gefühl, „noch nicht bereit“ zu sein, die für sie biographisch bedeutsamste Lehrperson direkt zu kontaktieren.

Die Anerkennung der Lehrperson und die Anerkennung der Bildungsinstitutionen sind verknüpft und gemeinsamer Ausdruck einer Wissens- und damit Vermittlungsgesellschaft, in deren Mittelpunkt das Lehren und Lernen steht. Daher finden Lehrerinnen und Lehrer allein in diesen Vermittlungsprozessen den Sinn im Beruf und daher sind der Sinn und die Schönheit des Lehrens von Personalität geprägt (vgl. weiter unten).

Träge Lehrer, träge Schule?

Ein populäres „Argument“ der Reformer und Meinungsführer im Schulwesen besteht darin, zu bemängeln, dass das Bildungssystem und vor allem die Schulen und Lehrpersonen – ganz im Unterschied zu anderen Systemen und ihren Akteuren – sehr wenig adaptiv seien, sondern vielmehr erstaunlich träge. Jedenfalls wäre aus der Sicht bekennender „Meinungsführer“ (wie z.B. der international bekannte Robert Slavin) ein System, das sich dem Wandel der Zeit jeweils prompt und flexibel anpassen würde – organisationssoziologisch gesprochen: ein System, das lernfähig wäre und veränderte Umweltbedingungen responsiv wahrnehmen würde –, offenbar vorzuziehen. Als Indiz für die Trägheit und die selbstverschuldete Unbelehrbarkeit des Schulsystems wird mitunter ein Gedankenexperiment bemüht, welches Sleeper-Argument genannt werden könnte: Nehmen wir an, heißt es dann, ein Mensch, sagen wir, aus dem 18. Jahrhundert, sei ins Koma gefallen oder eingeschlafen oder tiefgefroren und 250 Jahre später wieder aufgewacht oder zum Leben erweckt worden. Dieser bedauernswerte oder auch nicht bedauernswerte Mensch würde nun in unserer Zeit herumirren, fassungs- und orientierungslos, die ganzen technischen Errungen- und Gerätschaften kaum begreifend, er käme aus dem Staunen nicht heraus, würde kaum eine Institution wiedererkennen, wenigstens bis er – endlich! – in ein Schulhaus finden würde. Dort käme ihm alles vertraut vor! Fast nichts hat sich verändert. Was er beobachten könnte – Unterricht –, würde er, im Unterschied zu allen oder fast allen Tätigkeiten außerhalb der Schule, sofort wiedererkennen! Die Schule bleibe also, so die Suggestion des Sleeper-Arguments, immer die gleiche, in diesem Lebensbereich habe sich offenbar kaum etwas geändert, und es sei doch insgesamt bedenklich, dass unsere Schulen scheinbar so altbacken und herkömmlich sind, und die Lehrpersonen, selber unbelehrbar wie eh, tun das Gleiche wie ihre Kollegen und Kolleginnen vor ihnen, vielleicht dass sie heute weniger dreinschlagen, vielleicht dass sie subtilere Formen der Disziplinierung entwickelt haben und den Einsatz von Ritalin heimlich gutheißen.

Schon die Prämissen des Sleeper-Arguments überzeugen indessen kaum: Als ob gerade nur die Institution der Schule im Wesentlichen die gleiche geblieben sei, unveränderbar und unflexibel, als ob Institutionen anderer Systeme, beispielsweise des Wirtschaftssystems oder des Rechtssystems oder auch des Gesundheitssystems, für einen Besucher aus dem 18. Jahrhundert undeutbar und unbegreifbar geworden wären. Aber das ist nicht der entscheidende Punkt, sondern vielmehr, was daraus folgen soll, wenn es denn überhaupt stimmen würde, dass nur die Schule noch im Wesentlichen die gleiche geblieben wäre. Warum wäre die angeprangerte Stabilität, Rigidität oder Standfestigkeit zu beklagen? Was wäre so fürchterlich daran? Warum wäre dies ein Beweis für die Ineffizienz der Schule und des Schulsystems? Wäre nicht vielmehr umgekehrt anzumerken, dass es eine verlässliche und beruhigende Sache sei, dass im Wechsel der Epochen und Generationen, der Interaktionen und Kommunikationen zumindest in den Bildungsinstitutionen zwischen jenen, die schon länger leben und hier sind, und jenen, die noch nicht so lange leben und hier sind, bestimmte Formen und Notwendigkeiten vorkommen, die sich kaum wandeln und im Grunde als anthropologische Konstanten behauptet und begriffen werden müssen? Könnte es nicht sein, dass sich zwar Vieles wandelt, aber ein paar wichtige Dinge nicht oder nur unwesentlich? Und könnte es sein, dass das pädagogische Feld nur begrenzt innovierbar ist, dass in Erziehung, aber auch Unterricht und Bildung nebst jedem Wandel, den es sicher gibt, fundamentale Gegebenheiten hinzunehmen sind und zu beachten sind, und zwar ganz unabhängig von der so beliebten wie ausgehöhlten Rhetorik der notwendigen Innovation, der notwendigen Anpassung an die veränderte Situation der anderen Systeme? „Was dran neu ist, ist nicht gut, und was dran gut ist, ist nicht neu!“, heißt es manchmal bei der Beurteilung von sogenanntem Neuem. Auch wenn dieser Spruch sicher keine allgemeine Geltung beanspruchen kann – es wäre absurd, dies zu behaupten –, so kommt in ihm die Vermutung und Erfahrung zum Ausdruck (also: evidenzbasiert), dass es schwer sein könnte, wirklich Neues und dazu noch gutes Neues herzustellen bzw. vorzutragen oder vorzuschlagen. Und wenn dies für die Schule vermehrt noch als für andere Lebensbereiche der Fall wäre, so gäbe es überhaupt keinen Grund, sich darüber aufzuregen oder hier Innovationsscheue, Konfliktscheue und bornierten Konservatismus der betreffenden Akteure zu vermuten. Kurz: Das Sleeper-Argument ist von der Suggestion geprägt, dass wer Reformen kritisiere, im Grunde ein rückwärtsgewandter Romantiker sein müsse.

Die berufene Lehrerin, der berufene Lehrer[12]

Was ist ein „guter" Lehrer, eine „gute" Lehrerin? Diese Frage wirkt eigentümlich bieder und etwas muffig. Im Unterschied dazu scheinen die Fragen „Was ist pädagogische Professionalität?" bzw. „Worin besteht professionelles Lehrerhandeln?" besser in die zeitgenössischen Bildungsdiskurse zu passen. Der zur Profession veredelte Beruf kann sich des biederen Beschreibungsvokabulars entledigen; es mag zwar *Berufs*tugenden geben, aber von den Tugenden der *Profession* wird – im deutschsprachigen Raum – kaum gesprochen, lieber widmet man sich den „professionellen *Kompetenzen*". Der Kompetenzdiskurs scheint aufgeschlossen und progressiv zu sein, der Tugenddiskurs rückwärtsgerichtet und dadurch etwas peinlich, manchmal auch schmalzig oder schwülstig.

Unabhängig davon wird die Intuition, dass Lehrerinnen und Lehrer immer auch in ihrem Personsein beurteilt werden (sollen), wahrscheinlich nicht verschwinden. Personsein meint auch die Ausprägung und das Fehlen spezifischer persönlicher Stärken, die mit einem besonderen Willen, also eher mit Wollen als mit Können, zu tun haben. So hat das *gewollte* Sollen in der Beschreibung des Personseins den Primat über das *gekonnte* Sollen. Der Erwerb von professionell bedeutsamen Kompetenzen ist und bleibt zwar unabdingbar, aber man wird es wahrscheinlich immer begrüßen (und manche werden es für notwendig halten), wenn sogenannte Jung- oder Novizenlehrer und -lehrerinnen auch über gewisse menschliche Stärken verfügen und dass dieselben in der Lehrer- und Lehrerinnenbildung, soweit dies möglich ist, auch gestärkt werden.

Mit der Lehrperson als „biederer Figur" (als Person in etwas biederer Mission oder, wenn man lieber will: Funktion) tut man sich heute schwer.

12 Vgl. Reichenbach (2006a).

Der Bedeutung nach verband man mit dem Wort „bieder“ zunächst die Bedeutungen (a) „dem Bedürfnis entsprechend“, später (b) „brauchbar, nützlich“ – *biedere* Personen galten als (c) „tüchtig, brav, wacker“. Heute wird der Begriff fast nur noch abwertend gebraucht: bieder ist, wer „auf beschränkte Weise rechtschaffen“, im Grunde „einfältig“ ist. Insbesondere aber beim *erzieherischen* Anteil des Unterrichtens und Klassenführens kommt, auch wenn man dies leugnen mag, immer ein „biederes“ Element zum Ausdruck, welches für pädagogische Praxis konstitutiv zu sein scheint. Nun kann aber der Weg von der Schulmeisterei zur Lehrprofession als ein Versuch der zunehmenden Verhüllung oder Verschleierung des biederen Kerns des Lehrberufes durch jeweils zeitgenössisch genehmeren pädagogischen Jargon rekonstruiert werden. Berufs- und Disziplinsjargon „veredeln“ triviale Wahrheiten und Aufgaben und stiften zugleich Zugehörigkeit und Identität. Nur freilich, aufklärerische Funktion hat Jargon im Grunde noch nie gehabt. So stehen wir vor dem Paradox, dass der Lehrberuf in seiner sozialen Anerkennung heute eher devaluiert ist und dass ihn unterschiedliche Professionalisierungsbemühungen gerade „aufwerten“ sollen.

Allerdings bleibt der Professionsstatus des Lehrberufs umstritten und ist auch nicht mit jenem von Ärzten oder Anwälten vergleichbar bzw. gleichzusetzen. Doch auch dass der Lehrberuf einmal uneingeschränkt geachtet worden wäre, mag eher einem Wunschdenken entsprechen, dient aber allemal der Dramaturgie des Professionalisierungsdiskurses. Lehrpersonen galten schon früh als Bildungsmenschen und „Aufsteiger“, die es sozusagen „nur halb“ geschafft haben. Dies hat u.a. mit sozialer Herkunft zu tun. In ihrem biographischen Roman *Kein Zurück für Sophie W. Geschichte einer Auswanderung* beschreibt die Autorin Katharina Zimmermann u.a. den ambivalenten Status und die zwiespältige Anerkennung der Lehrperson am Ende des 19. Jahrhunderts (zwar spricht sie für das Berner Oberland in der Schweiz, aber man darf hier ein wenig verallgemeinern). Zimmermann lässt die Ich-Erzählerin erklären:

> „Für Lernbegierige aus armen Verhältnissen kam 1890 ein Studium an der Uni nicht in Frage, Stipendien gab es keine (...). Als Ersatz für die Universität diente damals das billigere Lehrerseminar. Aber die Bevölkerung vergaß die ärmliche Herkunft ihrer Lehrer nie. Solange sie übernahmen, was sonst keiner konnte, Chöre leiteten und die Orgel spielten, die Feuerwehr präsidierten und die Gemeindekasse führten, solange ihr Familienleben in Ordnung blieb, ging es gut. Doch es brauchte wenig, und der ganze Groll über die Aufsteiger, diese Besserwisser, fiel über sie her.“ (2000, S. 55 f.)

Wenn sich also einer schon unbedingt zum Lehrer aufspielt – der es im Grunde nicht verdient, weil er ein einfaches Bauernkind ist –, dann soll er sich wenigstens durch und durch anständig verhalten oder er kriegt Probleme … So könnte die delikate Stimmung gegenüber dem Schulmeister etwas salopp paraphrasiert werden. Auch heute ließe sich wohl noch viel von dieser (emotionalen) Prekarität feststellen, was im Grunde wenig verwundert, handelt es sich beim Lehrberuf nun wirklich um eine Beschäftigung, von der alle ehemaligen Schülerinnen und Schüler etwas verstehen. Wiewohl es an dieser Stelle nicht belegt werden kann, so scheint doch die Vermutung plausibel zu sein, wonach andere Professionen ursprünglich nicht oder nicht so heftig mit Tugendbeschreibungen und -erwartungen belastet worden sind wie der Lehrberuf. Die hier zum Ausdruck kommende Ambivalenz des Tugenddiskurses hat traditionell vielleicht tatsächlich mehr mit dem sozialen Status der Lehrperson als mit pädagogischen Ideen zu tun. Den sogenannten „berufenen Lehrer" beschrieb beispielsweise Friedrich Schneider (1966) einmal so:

> „Ein sittlicher Charakter, ausgestattet mit vielen Tugenden, besonders mit Frömmigkeit, Gerechtigkeit, Milde, Liebe und Heiterkeit, begabt mit hoher Intelligenz, einem treuen, umfangreichen, schnellbereiten Gedächtnis, einer reichen Phantasie, einem tiefen Gefühl und der Fähigkeit zur Unterdrückung der unwillkürlichen Ausdrucksbewegungen, voller Aktivität und Unternehmungslust, charakterisiert durch ein schnelles psychisches Tempo, aber auch durch innere Ruhe und Bedächtigkeit, gekrönt durch die pädagogische Anlage im engeren Sinne, nämlich: Neigung mit Kindern umzugehen, mit ihnen zu spielen, sie zu belehren und zum Guten zu leiten, unverwischte Jugendlichkeit, Mitteilungsbedürfnis und Darstellungsgabe, Fähigkeit zur Erfassung der Schülerindividualität und der Anpassung an dieselbe, pädagogischer Takt, Fähigkeit der Klassenführung, wozu besonders persönliche Energie, Gefühl der Überlegenheit und distributive Aufmerksamkeit gehören. Stellen wir uns alle diese Eigenschaften vereinigt in der großen, für alles Gute und Schöne aufgeschlossenen, wesenhaften Persönlichkeit vor, auf dem Goldgrund einer tiefen Religiosität, so haben wir das Bild des idealen Lehrers und Erziehers nach seiner geistigen Seite."
>
> (Schneider, zit. nach Oser 1998, S. 205)

Tatsächlich geht es weiter mit der „körperlichen Verfassung": „Gesunder, kräftiger Körper, Widerstandsfähigkeit gegen die Beschwerden des Berufes, also vor allem gesunde Nerven und kräftige Atmungswege, normale Gestalt und achtungswerte äußere Erscheinung, Leichtigkeit und Anstand der Bewegung aller Gliedmaßen und gesellschaftliche Gewandtheit" (Schneider, zit. nach Oser 1998, S. 205 f.).

Nun ist es leicht, sich über solche Idealbeschreibungen zu mokieren, aber wer dieses Exempel und andere Beispiele von Tugendkatalogen für Lehrpersonen heute von Pädagoginnen und Pädagogen ausführlich diskutieren lässt, merkt bald, dass „gute" oder eben kompetente Lehrpersonen auch heute erstens schnell in durchaus vergleichbaren, nur eben zeitgenössischen Diskursgepflogenheiten angepassten Vokabularien beschrieben werden und dass die „Unmöglichkeit" und Heterogenität des Ideals im Sinne Schneiders zweitens auch heute zum Ausdruck kommt, wenn vielleicht auch manchmal negativ gepolt, nämlich weniger als unerreichbares Ideal als vielmehr in Form des Lamentos über die unermesslichen Schwierigkeiten des Berufes. Die sogenannte Komplexität des Lehrberufes (widersprüchliche Erwartungen, Funktionen, Aufgaben etc.) ist immer wieder festgestellt worden. Unter der Rubrik „Nicht einfach, eine Klasse zum Fliegen zu bringen" war vor vielen Jahren in einer Wochenzeitung zu lesen:

> „Wahrscheinlich gibt es nicht viele Berufe, an die die Gesellschaft so widersprüchliche Anforderungen stellt: gerecht soll er sein, der Lehrer, und zugleich menschlich und nachsichtig, straff soll er führen, doch taktvoll auf jedes Kind eingehen, Begabungen wecken, pädagogische Defizite ausgleichen, Suchtprophylaxe und Aids-Aufklärung betreiben, auf jeden Fall den Lehrplan einhalten, wobei hochbegabte Schüler gleichermaßen wie begriffsstutzige zu berücksichtigen sind. Mit einem Wort: Der Lehrer hat die Aufgabe, eine Wandergruppe mit Spitzensportlern und Behinderten bei Nebel durch ein unwegsames Gelände in nordsüdlicher Richtung zu führen, und zwar so, dass alle bei bester Laune und möglichst gleichzeitig an drei verschiedenen Zielorten ankommen" (Weltwoche, Nr. 22, 2. Juni 1988).

Es ist diesen Widersprüchlichkeiten und den damit verbundenen Rollenkonflikten zu verdanken, dass die Rollentheorie in der Soziologie seit Ralph Dahrendorf (1959) vorzugsweise an der Lehrperson dargestellt wird (vgl. z.B. Henecka 1990; Redl & Wattenberg 1959). Da die vielfältigen Aufgaben und Funktionen des Lehrberufs sowie die sozialen Erwartungen an denselben ein „harmonisches Ganzes" nicht zulassen, machen die Lehrpersonen immer etwas falsch, sie genügen nie vollends, immer sind sie kritisierbar. Das verbreitete Bedürfnis nach Lehrerschelte kann so dauerhaft befriedigt werden.

Ethisch betrachtet, so könnte man die Ursache der Rollenkomplexität des Lehrberufs auch erklären, steckt das Schulsystem seit jeher in der Situation der normativen Überdetermination: Es gibt zu viel Sollen bzw. zu viel berechtigte Sollensansprüche an das System, was dazu führt, dass die – moralisch sensible – Lehrperson immer wieder in ethisch relevanten, ergo auch professionsrelevanten Problemsituationen steckt. Niklas Luhmann beschrieb die Situation so:

> „Man kann mehr auf Förderung der Individuen abstellen oder mehr auf Herstellung von Chancengleichheit und Ausgleich von Benachteiligungen durch Schichtung und Geschlecht. Man kann mehr auf Förderung der Schulklasse Wert legen oder mehr auf Förderung der Zurückbleibenden. Wie geht das System mit solchen Inkonsistenzen um? Auf der Ebene der Professionen mag man sie leugnen und in den Geheimnisbereich des individuellen Könnens und der Erfahrung hineinziehen. Die Lösung des Problems liegt in der Leugnung des Problems." (Luhmann 2002, S. 165)

Das klingt vielleicht nicht sehr schmeichelhaft, ist aber sicher keine dumme Diagnose.

Von der Tugend zur Kompetenz?

Lehrpersonen und ihr Tun können in unterschiedlichen Vokabularien beschrieben und bewertet werden: (a) in der Sprache der Tugenden, (b) in jener der Fähigkeiten bzw. Kompetenzen, (c) der Fertigkeiten und „skills", der „hard skills" und „soft skills" („heart skills"), (d) der Einstellungen, Haltungen und Grundhaltungen, aber auch (e) des Charakters, der Persönlichkeit und des Temperaments. Bedeutsam für den Diskurs im deutschsprachigen Raum erscheint aus historischen und systematischen Gründen die Differenz zwischen Tugend- und Kompetenzsprachen. Die Tugend „verlangt" vom Menschen gewissermaßen in direkter und größerer Unbedingtheit, gemäß eigener Einsichten zu handeln, als dies bei der Kompetenz der Fall ist. Die Kompetenz ist situational weniger gebunden, sie bleibt unberührt, wenn das Handeln von ihr abweicht. Es macht mir weniger Mühe, in bestimmten Situationen unterhalb meines Kompetenzniveaus zu handeln, als es mir Mühe macht, nicht gemäß meiner als zu mir gehörig erachteten Vorstellung des Anzustrebenden gehandelt zu haben. Obwohl der Tugendbegriff inhaltlich nicht so rigide fixiert ist, wie es der Gebrauch des Begriffes

manchmal nahe zu legen scheint, ist er doch weniger formal als der Begriff der Kompetenz und stärker mit dem verbunden, was früher „Charakter" genannt worden ist (vgl. Herbart 1983/1806). Man mag sagen: „Er hat heute unter seinem Niveau argumentiert" (= „seine Performanz war unter seinem Kompetenzniveau, das er aber sehr wahrscheinlich noch aufrecht erhalten kann"); aber es macht wenig Sinn zu sagen: „Er ist ein ehrlicher Kerl, wiewohl ich einräumen muss, dass er mich in letzter Zeit immer wieder belogen hat" (hier wird gerade in Frage gestellt, ob er ein ehrlicher Kerl ist). Kant definiert in seiner *Metaphysik der Sitten* treffend: „Tugend bedeutet eine moralische Stärke des Willens" (1990/1797, S. 283).
Mit Rekurs auf die Differenz von Tugend und Kompetenz könnten folgende Thesen vertreten, aber auch kritisiert werden:

(a) Der Kompetenzdiskurs hat den Tugenddiskurs („offiziell") weitgehend verdrängt.

(b) Tugenden lassen sich nicht immer ohne Verluste in Kompetenzen „übersetzen".

(c) Tugendbeschreibungen scheinen aber unersetzbar und schleichen sich immer wieder in den pädagogischen Diskurs ein (in attraktiveren Hüllen: z. B. sogenannten pädagogischen „Leitbildern" ...).

Diese Thesen sollen hier nicht im Einzelnen diskutiert werden, vielmehr seien einige zusätzliche Erläuterungen zu Problemen des Kompetenzdiskurses erlaubt, der zunächst vor allem die Schülerinnen und Schüler betrifft, in zweiter Linie aber auch die Evaluation der Lehrperson. Dass der Kompetenzdiskurs den Tugenddiskurs verdrängt hat, scheint offensichtlich zu sein und ist in vielerlei Hinsicht auch unproblematisch und sogar begrüßenswert. Insbesondere die Auflistung unterschiedlicher Tugendkataloge macht die Hilflosigkeit und die – salopp formuliert – gewisse Spießigkeit des Unterfangens deutlich, auf Kompetenzvokabulare zu verzichten. Auf der anderen Seite versteckt sich im Kompetenzdiskurs nun häufig eine schwammige Tugendsprache, die im Grunde ganz unbescheidene Ansprüche transportiert und alles umfassen will: sowohl Einstellungen als auch Wissen und Können, Dispositionen u.v.a.m. So werden Kompetenzen beispielsweise im *Gemeinsamen europäischen Referenzrahmen für Sprachen* (GER) des Europarats in der „Verbindung von harten und weichen Fähigkeiten" definiert, nämlich als „Summe des (deklarativen) Wissens, der (prozeduralen) Fertigkeiten und der persönlichkeitsbezogenen Kompetenzen und allgemeinen kognitiven Fähigkeiten, die es einem Menschen erlauben, Handlungen auszuführen" (GER 2001, S. 21). Zum (a) deklarativen Wissen („savoir"), den (b) Fertigkeiten und dem prozeduralen Wissen („savoir-faire") gesellen sich aber nicht nur die (c) persönlichkeitsbezogenen Kompetenzen („savoir-être"), sondern auch die (d) Lernfähigkeit („savoir-apprendre") überhaupt (vgl. Schneider 2005, S. 16). Man merkt, dass der Kompetenzbegriff hier zu einem „Containerbegriff" wird und sich somit analoger Kritik wie der Bildungsbegriff aussetzen muss. Natürlich gibt es – wie immer – auch die Bemühung, statt Megacontainern sozusagen „Minikartons" oder „Modulköfferchen" zu benützen. So werden Kompetenzen im Rahmen der heutigen Evaluationsbestrebungen bezüglich schulischen Leistungen mit gutem Grund wesentlich enger gefasst (dies erhöht einerseits die Kohärenz des Diskurses, schafft andererseits aber neue Probleme; vgl. Reichenbach 2006b). Entsprechend schreibt Klieme: „Von Kompetenzen kann nur dann gesprochen werden, wenn man grundlegende Zieldimensionen innerhalb eines Faches benennt, in denen systematisch, über Jahre hinweg Fähigkeiten aufgebaut werden" (Klieme 2004, S. 12). Statt dem „Weichen-Ganzen" ist hier also das „Kontrolliert-und-systematisch-Aufbauende" gefragt. Kompetenz*modelle* umfassen in dieser Sicht idealerweise klar unterscheidbare Kompetenz*teil*dimensionen, die je in Bezug auf klar unterscheidbare Kompetenz*niveaus* untersucht werden können (ebd.). Im Hinblick auf dieses Ideal wird auch verständlich, warum „ausgearbeitete, empirisch gestützte Kompetenzmodelle" bisher nur „für einzelne Lernbereiche, Altersgruppen und Schülerpopulationen" vorliegen und die Beschreibungen der Niveaus oft („noch") zu abstrakt ausfallen (ebd.). Was die weicheren Fähigkeiten („soft skills") betrifft, sieht die Lage freilich verdrießlicher aus: „Vor allem in Kompetenzbereichen, die affektive Aspekte und Einstellungen einschließen, wie der sozialen Kompetenz oder interkulturellen Kompetenz", so nochmals Klieme, „gibt es möglicherweise keine klar abgrenzbaren und auf einer Skala von ‚niedrig' bis ‚hoch' bewertbaren Niveaus, sondern eher unterschiedliche Muster oder Typen" (ebd.). Wenn es unklar wird, bildet man am besten Typen: Typologien halten der Kritik zwar meist nicht stand, aber zunächst überzeugen sie einfach durch bloßes So- und Dasein. Unabhängig davon wird Kompetenz auch in diesem Verständnis „als Befähigung zur Bewältigung unterschiedlicher Situationen" (Klieme 2004, S. 13) gesehen, d.h. die Aspekte der *Anwendbarkeit* bzw. *Transferierbarkeit*, die in einer zunehmend pragmatischen Kultur große Attraktivität besitzen, stehen in engem Zusammenhang mit den sogenannten „weichen Fähigkeiten“, wiewohl natürlich auch für Klieme und andere Kompetenztheoretiker und -empiriker klar ist, dass die „Vorstellung, bereichsspezifische Kompetenzen könnten durch einen generischen Satz von hoch transferierbaren Schlüsselkompetenzen ersetzt werden, (...) nach Befunden vor allem aus der Expertiseforschung illusionär“ ist (so Klieme selber, vgl. 2004, S. 12). Man kann solchen Diskussionen und Analysen entnehmen, dass der Kompetenzdiskurs, oberflächlich betrachtet, „entmoralisiert“ ist (oder wirkt), aber natürlich teilweise starke normative Setzungen enthält, so dass man teilweise auch von „normativer Empirie“ sprechen muss (vgl. im Gegensatz dazu Klieme & Hartig 2007). Möglicherweise wird man die Lehrperson – und das, worauf es in der Lehre ankommt – kompetenztheoretisch nur genauso limitiert wie in der alten Tugendsprache beschreiben können.

Ein wichtiges Motiv für Kompetenzmodelle ist jenes der *Messbarkeit*. Sie haben in Bezug auf Bildungsstandards (der Schülerinnen und Schüler) zwei Zwecke zu erfüllen: erstens sollen sie das Gefüge der Anforderungen beschreiben, deren Bewältigung von Schülerinnen und Schülern erwartet wird (Komponentenmodell), und zweitens sollen sie wissenschaftlich begründete Vorstellungen darüber liefern, „welche Abstufungen eine Kompetenz annehmen kann bzw. welche Grade oder Niveaustufen sich bei den einzelnen Schülerinnen und Schülern feststellen lassen (Stufenmodell)“ (Klieme et al. 2003, S. 74; vgl. auch Klieme et al. 2010). Entsprechendes müsste dann auch für die Lehrpersonen gelten. Dass zentrale Aspekte von Bildungsstandards (auch für Lehrpersonen) messbar sein müssen, scheint außer Frage zu stehen.

Doch ob man beispielsweise Verlässlichkeit, Ehrlichkeit oder die pädagogisch so bedeutsame Tugend wie die Geduld, aber auch Vorschussvertrauen, Beständigkeit, Zuversicht und Heiterkeit kompetenztheoretisch fassen kann (und soll), erscheint mehr als fraglich (vgl. dazu Brumlik 2001; Oelkers 1997; Uhl 2003). Israel Scheffler (1971) hat mit einigem Grund behauptet, dass die pädagogische Sprache sich in drei Unterarten erschöpfe, namentlich in Definitionen, Slogans und Metaphern. Insbesondere die pädagogischen Slogans mit ihren emotionalen Konnotationsfeldern („loaded language“) und ihren Überredungsdefinitionen („persuasive definitions“) hilft, die biedere Sprache der Tugend durch eine pseudo-kompetenztheoretische und pseudo-lerntheoretische Sprache zu ersetzen (vgl. Reichenbach 2004). So ist denn gerne vom „aktiven“, vom „offenen“, vom „entdeckenden“, vom „ganzheitlichen", vom „kooperativen", vom „selbsttätigen" und „eigenständigen" Lernen die Rede, davon dass „Lernarrangements begleitet" und „Lernumwelten kreiert" werden müssen, dass Lernen „Spaß" machen soll, die Schüler „intrinsisch" statt „extrinsisch" motiviert sein sollten, und die Ansammlungen von Einzelindividuen in schulischen Zwangsverbänden heißen „Schulgemeinschaften" und „Klassengemeinschaften", dies in zunehmend „autonomen" Schulen, die sich „selbstständig" ihrer „Innovation", „Evaluation" und „Supervision" widmen.

Was dieses Vokabular, über welches man sich nicht aufzuregen braucht, da es offensichtlich auch edel motiviert ist (und man vermutet: Gutes bewirkt), zu verdecken versucht, ist m.E. der Kern und Ursprung der Biederkeit alles Pädagogischen, nämlich die asymmetrische und rollenkomplementäre Struktur der pädagogischen Beziehung im Unterricht und in der Erziehung. *Verdeckt* wird die Notwendigkeit pädagogisch verantworteter Autorität, welche, wie alle wissen, die im pädagogischen Feld tätig sind, kein Übel, sondern vielmehr eine Notwendigkeit darstellt. Doch diese wird mit politisch korrekten, symmetrischen Vokabularien, die ja keine Wirklichkeit beschreiben, sondern sie vielmehr verschleiern, mehr als nur tendenziell verdrängt. Eine Großzahl der pädagogischen Slogans und der entsprechende Metapherngebrauch stehen im Dienste der „Beschreibung" der prinzipiell *asymmetrischen* und *rollenkomplementären* Beziehung mit *symmetrischen* Vokabularien: So haben Erziehung und Unterricht „demokratisch", „partnerschaftlich", „gleichberechtigt" und „gemeinsam" zu sein. Mit der Symmetrisierung der Beschreibungen werden das Verständnis der pädagogischen Beziehung und das damit verbundene Machtverhältnis subtilisiert. Die soziale Differenz und Distanz (inferiore und superiore Positionen der Beziehungen) werden auf der Beschreibungs- und Betrachtungsebene (so gut es geht) nivelliert: So werden z.B. aus „Untergebenen" „Mitarbeiter", und zwischen Lehrpersonen und Schülerinnen und Schülern kommt es zu „Lernpartnerschaften", in denen „Lernverträge" abgeschlossen werden etc. Die politisch und pädagogisch korrekte *deskriptive Devianz* fördert – als Pseudoegalität – notgedrungen Pseudopartizipation, Pseudoverhandlungen und Pseudoeinigungen. Damit ist man weit davon entfernt zu verstehen, was Kopperschmidt gemeint hat mit seiner Bemerkung: „Wer gehorchen *muss*, *kann* nicht zustimmen, wer befehlen *kann*, *muß* nicht auf Argumente hören …" (Kopperschmidt 1980, S. 104, kursiv R.R.).

Professioneller Gleichmut[13]

Unabhängig von allen anzustrebenden Kompetenzen: Wie andere Professionen arbeiten die Lehrpersonen „unter der Bedingung der Unsicherheit und müssen deshalb ihren Arbeitsbereich abschirmen", u.a. muss „kollegiale Unterstützung" vorausgesetzt werden können (Luhmann 2002, S. 148). Wer um die unsicheren Grundlagen der Entscheidungen in der Profession weiß (im Unterschied zu „bloßen" Expertenentscheidungen; vgl. Oevermann 1978), wird auch die Notwendigkeit einsehen, dass sich die Mitglieder einer Profession genau gleich wie die Mitglieder einer mittelalterlichen Zunft gegenseitig schützen müssen. Dies ließe sich *in*kompetenztheoretisch analysieren. Während die Übernahme des Risikos der Professionen meist durch „Prestige" abgegolten wird (und in der Regel weniger durch Geld), besteht das professionelle Wissen nach Luhmann „nicht so sehr in der Kenntnis von Prinzipien und Regeln als vielmehr in der Verfügung über eine ausreichend große Zahl komplexer Routinen, die in unklar definierten Situationen eingesetzt werden können" (Luhmann 2002, S. 149). Diese Routinen helfen der Vermittlungsrolle der Profession: Während der Arzt, wenn möglich „von krank zu gesund" vermittelt, vermittelt die Lehrerin vorzugsweise „von ungebildet zu gebildet" (ebd.). Doch es handelt sich – trotz aller Kompetenz und Expertise – immer um ein unsicheres Geschäft. Dabei ist besonders bedeutsam, „wie auf beiden Seiten Person und Rolle getrennt werden", da es „um eine Änderung der Person des Klienten" geht, „aber nur in der spezifischen Hinsicht, die vom Fachmann betreut wird" (ebd.).

Ein interessantes und originelles Argument Niklas Luhmanns besteht darin, dass er mit plausiblen Gründen die Position vertritt, die „professionelle Komponente" würde in „der Schul- und Hochschulhierarchie (...) von unten nach oben" abnehmen (Luhmann 2002, S. 151): „Die pädagogische und didaktische Komponente ist für die Elementarschulen wichtig, aber ihre Bedeutung nimmt ab, sobald Fachunterricht hinzutritt" (ebd.). Dies entspricht einer insgesamt erfrischenden Aufwertung des Berufes der Grundschullehrer und -lehrerinnen, die im Vergleich zu den anderen Schulstufen zu Unrecht über einen niedrigeren Status verfügen. „Der Fachunterricht ist auch deshalb nicht professionell, weil er eine *Übertragung* des

[13] Vgl. Reichenbach (2006a, 2012a).

Wissens auf den Klienten anstrebt, während für Professionen das Gegenteil zutrifft. Kein Arzt will seinen Patienten zum Mediziner, kein Jurist seinen Klienten zum Juristen machen …" (ebd.). Hochschulprofessoren sind nach Luhmann pädagogisch am wenigstens professionell. Im Grunde geben sie nur wieder und weiter, was sie gelesen oder erforscht haben, machen sich dabei hoffentlich auch ein paar didaktische Gedanken, aber ihre pädagogische und didaktische Verantwortung ist dabei doch wesentlich geringer als jene von Grundschullehrern und -lehrerinnen, die bei ihrer „Klientel" nicht oder kaum von eigenständigen Lernern ausgehen können, die sich selbst für ihr Lernen verantwortlich fühlen (sollen).

Trotzdem bleibe ein Merkmal von Professionalität für den gesamten Lehrberuf erhalten, namentlich die Gelassenheit, mit welcher die Lehrperson Erfolg und Misserfolge erträgt oder zu ertragen habe. „Der Lehrer braucht nicht nur Mut, sondern Gleichmut – und für beides kollegiales Verständnis (…). Wenn der Lehrer sich Mühe gegeben und kompetent gehandelt hat, braucht er Misserfolge nicht sich selbst zuzurechnen – so wie ja auch einige Patienten sterben, einige Klienten den Prozess verlieren und Therapie nicht immer anschlägt" (Luhmann 2002, S. 152). Man kann auch als Lehrperson nicht mehr als sein Bestes tun. Hier kommt die metaethische Regel zum Tragen, wonach Sollen Können implizieren muss. Sollen, welchem kein Können entspricht bzw. entsprechen kann, verliert seine Geltung. Doch wie wissen wir, was das jeweils Beste ist? Auch hier: wenn schon kompetenztheoretisch argumentiert werden soll, dann lieber gleich auch inkompetenztheoretisch: Professionalität und Unvermögen, Professionalität und die Grenzen der Verfügbarkeit über die Bedeutung des eigenen Handelns wären dann das Thema.

Eine weitere Bemerkung Luhmanns, wiewohl man den systemtheoretischen Hintergrund nicht teilen muss, scheint in Bezug auf die Analyse der Grenzen kompetenztheoretisch gefasster Professionalität interessant zu sein. Sie betrifft die „Belohnung" besonders „guter" Lehrpersonen. Da „besondere Leistungen (…) nicht ‚honoriert' werden" könnten, so Luhmann, müssten die Lehrpersonen ihre Belohnungen im Interaktionserfolg der Schulklasse selbst suchen, dies sei als „Hinweis auf die strukturell starke Stellung der Interaktion in den Organisationen des Erziehungssystems" (Luhmann 2002, S. 164) zu werten. Man könnte auch etwas pathetischer formulieren: Der Sinn der Profession kann nur in der professionellen Tätigkeit selbst gefunden werden.

Zur pädagogischen Identität der Lehrperson

Die momentanen Professionalisierungsbemühungen in der Lehrerbildung sind ironischerweise auch von einer gewissen Entakademisierung begleitet, von welcher man sich gerade erhofft, die Praxistauglichkeit zu steigern oder wenigstens mehr Raum zu schaffen für eine „praxisrelevante" Ausbildung. Der Ruf nach Praxisrelevanz in der Ausbildung ist laut und das Verlangen danach prinzipiell unstillbar. Typischerweise zeigt sich dieses edle Motiv in einer radikalen Abwertung der allgemeinen Reflexion, insbesondere erkennbar an der Abwertung der Allgemeinen Pädagogik und der Allgemeinen Didaktik in der Lehrerbildung. Wenn wir diese Diagnose in Bezug auf das *professionelle Wissen* zu differenzieren versuchen, welches in der Lehrerbildung gelehrt und gelernt werden soll und muss (oder müsste), so lässt sich mit einigem Grund behaupten, dass zeitgenössisch ein starker, ja einseitiger Fokus auf sogenanntes *Verfügungswissen* zu verzeichnen ist. Dagegen sind *Reflexionswissen* und vor allem *Orientierungswissen* aus historisch teilweise sehr verständlichen Gründen in den Hintergrund getreten. Dabei handelt es sich um jene Wissenstypen, die typischerweise mit Professionalität und pädagogischer Identität in Verbindung stehen. Mit Verfügungswissen kann in Anlehnung an Mittelstraß sozusagen klassisches Anwendungswissen gemeint sein, beispielsweise die zahlreichen *Kompetenzen* der Praxisgestaltung, welche für pädagogische Berufe als zur Profession gehörend erachtet werden (vgl. z.B. Bauer 1997; Giesecke 1995), oder teilweise die sogenannten *Standards*, die mittlerweile in schon sehr unterschiedlicher Vielzahl vorgetragen worden sind (vgl. z.B. Oser & Oelkers 2001; Terhart 2002). Dennoch sind sich wohl die meisten Betrachter einig, dass es im Hinblick auf Professionalität vorwiegend darauf ankommt, die *Verbundenheit* von konkretem *Sachwissen*, technisch-methodischem *Verfügungswissen* und ethisch-kulturellem *Orientierungswissen* zu erkennen und zu berücksichtigen. Orientierungswissen ist unabdingbar für die Herstellung von *Sinn* des professionellen Tuns und der *Identität* der professionellen Person.

Praxis lernt man – letztlich – immer nur in der Praxis. Nun ist jedoch der „Praxisbezug" in der Lehrerinnen- und Lehrerbildung schon längere Zeit heiliggesprochen, und das Bedürfnis nach *Praxisbezug* wahrscheinlich so alt wie die institutionalisierte Ausbildung selbst. Reinhold Hedtke scheint mit seiner Behauptung einen zentralen Punkt getroffen zu haben, wonach im Lehrerbildungsdiskurs heute eine Theorie-Praxis-Vorstellung dominiere, für welche die „Praxis der Zweck der Theorie“ sei (Hedtke 2000, S. 4). Lehrerbildung dient hier allein der Praxistauglichkeit, sie soll – als Ausbildung – „Praxiserfahrung“, „Praxisrelevanz“ bieten, wobei sie mit diesen edlen Imperativen mit großer Wahrscheinlichkeit auf „instrumentelles Handeln“ (also auf Technik – Technologiedefizit hin oder her …) verkürzt wird, und „andere Praxisbezüge“, nämlich theoretisch-epistemologische, pragmatisch-skeptische und reflexiv-diskursive, in den Hintergrund treten.

Für menschliches Handeln generell und für professionelles Handeln im Besonderen ist und bleibt hingegen konstitutiv, dass dasselbe nur vor einem Wert-Horizont realisiert wird, welcher durch starke qualitative Unterscheidungen geprägt ist (Taylor 1996). Das Wort „Orientierung“ ist eine Raummetapher, die für den moralisch-ethischen „Raum“ verwendet wird, in welchem das Konzept der Identität (auch der professionellen Identität) überhaupt erst Sinn machen kann (daher die Frage: „Wo stehe ich?“). Als handelnde Personen können wir uns in räumlicher Hinsicht auf zwei verschiedene Weisen orientieren bzw. auch auf zwei Arten *orientierungslos* sein. „Zum einen kann es sein, dass mir die Lage der Umgebung völlig unbekannt ist. In diesem Fall weiß ich nicht, welche wichtigen Örtlichkeiten diese Umgebung bilden und in welchem Verhältnis sie zueinander liegen“ (ebd., S. 84). In einem solchen Fall ist uns mit einer „Landkarte“ geholfen. Außer – und das ist die zweite Form von Orientierungslosigkeit – „wenn ich nicht weiß, welches mein Ort auf dieser Karte ist“ (ebd.). Dann weiß ich zwar, in welchem Verhältnis bestimmte Örtlichkeiten zueinander stehen, aber das hilft mir nicht viel, weil ich nicht weiß, in welchem Verhältnis ich zu diesen stehe. Man braucht, um sich orientieren zu können, also nicht nur eine Karte, sondern muss auch wissen, wo man sich darauf etwa befindet.

Im Unterschied zur räumlichen Orientierung ist die Frage, wo wir uns im Raum der Werte und Wertungen befinden, *nicht neutral*. Wir können uns ihr gegenüber nicht gleichgültig verhalten in dem Sinne, dass wir jede Antwort, sofern sie uns nur „zu einer wirksamen Orientierung verhilft, als befriedigend gelten lassen, egal, in welcher Entfernung vom Guten sie uns plaziert“ (Taylor 1996, S. 84). Vielmehr ist das, was wir wollen, eine Nähe zu dem, was wir als gut, richtig und wichtig empfinden. Insofern wir qualitative Unterscheidungen treffen, heißt dies, dass es für uns von Bedeutung ist, welchen Standort wir im Verhältnis zu unseren Unterscheidungen einnehmen. Da wir außerstande sind, als orientierungsloses Selbst für uns ausschlaggebende Dinge tätig zu sein, sind wir auch außerstande, „uns nicht mehr um unseren Aufenthaltsort in diesem Raum zu kümmern" (ebd.). Dieses Sich-Kümmern ist kultur- und zeitspezifisch geprägt. Während sich moderne Menschen heute wohl eher fragen, ob ihr Leben „lebenswert", „gehaltvoll", „sinnvoll" oder vielmehr „sinnlos", „banal" und „leer" sei, ging es älteren Sehnsüchten beispielsweise um die „Unsterblichkeit der Seele" (ebd., S. 86 f.).

Zur Ausbildung professioneller Identität von Lehrpersonen gehört also – um diese Metapher wenigstens etwas zu konkretisieren – die Entwicklung der Fähigkeit des „Kartenlesens", d.h. die Ausbildung eines Sensoriums für die Wertgebundenheit *unterschiedlicher Konzepte von Erziehung, Bildung und Unterricht*, und für die unterschiedlichen Vokabularien, mit welchen dieselben erörtert und problematisiert werden können. Allerdings steht der Autor sicher nicht allein mit der Erfahrung, dass Pädagogen und Pädagoginnen heute zwar Vieles kennen, aber in Bezug auf die „einheimischen Begriffe" (Herbart 1982) der Disziplin, in deren Zentrum insbesondere „Bildung" und „Erziehung" stehen, eigenartig sprachlos erscheinen.

Viele der pädagogisch Tätigen verfügen heutzutage offensichtlich über *keine pädagogische* Identität – sicher: eine Behauptung, über die man lange streiten kann –, sie repräsentieren ihr Tun nicht in pädagogischen Vokabularien und haben zur *Frage nach dem Proprium des Pädagogischen* nicht im geringsten mehr zu sagen als jeder durchschnittliche Vater und jede durchschnittliche Mutter, die wenigstens eines wissen: dass ihre „Pädagogik" alles sein mag, aber sicher nicht „professionell" ist. Mit noch anderen Worten: Man würde vermuten wollen, dass professionelle Pädagogen etwas von *pädagogischen* Theorien verstehen und dass sie etwas davon verstehen, welchen Stellenwert dieselben für die Beurteilung des eigenen Tuns haben können und wo ihre Grenzen sind. Diese „Theorien" – gemeint sind auch pädagogische Begriffe, Perspektiven und Deutungsmuster – können im Unterschied zu praktisch allem, was in einem konkreten Sinne für Praxis bedeutsam ist, in der *Ausbildung* zur Lehrperson gelernt werden. Die Bedeutung dieser Sprach- und Deutungsfähigkeit, also die intime Kenntnis allgemeiner pädagogischer und didaktischer Theorien und Konzepte, liegt nicht primär darin, dass sie *Handeln* ermöglichen, sondern dass sie *Orientierung* und eine *Sprache* zur Beschreibung von *Orientierungsprozessen* ermöglichen. Insofern sind sie *natürlich* praxisrelevant und würden es selbst dann noch bleiben, wenn sich die Lehrerbildung vom Restbestand an Reflexionswissen und Orientierungswissen, welches sie noch tradiert, ganz entledigte. „Sich orientieren" heißt, aus dem gewohnten Tun zurücktreten und Abstand gewinnen, sich befreien von unüberprüft übernommenen oder lange nicht mehr geprüften Vorstellungen. Sich orientieren heißt, das Feld der Alternativen öffnen, neu entscheiden und genau deshalb Verantwortung übernehmen; nur dadurch erhebt sich Erziehung und Unterricht über handwerklich-technisches Tun (vgl. Bollnow 1988). Doch dies erfordert eine Sprache, welche gerade *nicht* vom konkreten Verhalten in Schule und Unterricht abgelesen werden kann.

Professionsethik oder Berufsethos?

Man redet weniger gerne von „Berufsmoral", lieber von „Professionsethik", welches nobler klingt (vgl. Reichenbach 1994). Brauchen Lehrpersonen überhaupt eine Professionsethik? Um diese Frage zu beantworten, seien zunächst einige allgemeine Bemerkungen zur Ethik erlaubt. Diese Bemerkungen wirken vielleicht etwas launig. Danach soll die Berufsethik Thema sein. Diese Bemerkungen wirken wohl weniger launig, enttäuschen aber auf andere Weise.

Heute fragen viele Berufe und Berufsfelder nach ihrer Spezialethik. Dieses Bedürfnis ist ernst zu nehmen. Doch natürlich gibt es eine Professionsethik nur für *Professionen* (vgl. Kultgen 1988), und freilich sind die Berufe im Bildungswesen keine eindeutigen Professionen, also können sie auch nicht eindeutig eine Spezialethik beanspruchen. Aber der Professionsbegriff ist mittlerweile so entgrenzt, dass beispielsweise auch der unfreundliche Kellner im Restaurant als „unprofessionell" kritisiert wird. Warum soll jetzt auch der Kellner professionell sein? Kann er überhaupt unprofessionell sein, ist er nicht vielmehr einfach „a-professionell", wie fast alle Menschen? Manche Lehrpersonen wünschen sich vielleicht, wenn sie schon nicht so ganz und richtig professionell sind, wenigstens „semiprofessionell" zu sein – dann brauchen sie vielleicht auch nur eine halbe Professionsethik (doch was könnte das sein?).

Allgemeine Bemerkungen zur Ethik

Zwei Prämissen prägen die vorgestellte Position.
Prämisse 1: *Ethik löst keine Probleme, sondern sie schafft Probleme.* Ethik ist sogar die Problemproduzentin par excellence. Probleme zu haben, ist menschlich, keine Probleme zu haben ist unmenschlich. Wer keine Probleme mit sich und der Welt hat, wird früher oder später selber zum Problem werden, meistens für die anderen. Ethikkommissionen sind Verbände der Ratlosigkeit. Sich die Ratlosigkeit anzueignen, ist vielleicht vordringlichste Aufgabe. Wenn man nicht mehr weiß, was zu tun ist und was richtig und falsch ist, ist man meist auf dem richtigen Weg. Erst dann übernimmt man – auf personaler Ebene – vielleicht so etwas wie Verantwortung. Nicht dass man wüsste, was Verantwortung ist, aber man merkt, sie muss übernommen werden (vgl. Danner 1985; Kilchsperger 1985).

Ethik ist nicht primär eine Disziplin, sondern eine Praxis. Praxis bedeutet: Man tut es oder man tut es nicht. Praxis muss geübt werden. Alle wollen ihre Ethik. „Ethik" klingt besser, moderner und klinischer als „Moral". Sowohl das lateinische „mores" als auch das griechische „ethos" bedeuten Sitte. Ethos meint daher auch Lebensführung und Stil, die Art und Weise, wie man sich gibt, der gewohnte Ort, das heißt auch, der durch Übung und Repetition gefundene und selbstverständlich gewordene Ort. Ethische Praxis muss geübt werden, Kant spricht in der *Metaphysik der Sitten* sogar von ethischer Gymnastik. Modern kommt es zum Bruch zwischen Moral bzw. Ethik auf der einen Seite und Sitte auf der anderen Seite. Wir halten reine Konventionen (etwa Höflichkeitsformen) für weniger wichtig als z.B. das Tötungsverbot, Gerechtigkeit für wichtiger als Pünktlichkeit. Wir halten einen „guten" Menschen für besser und wichtiger als etwa ein „gutes" Messer. Doch dass wir beispielsweise Bilder, Theorien, Lieder und Bücher, Schusswaffen und mobile Telefone als „gut" bezeichnen und bewerten, also mit einem gleichen – moralischen – Wort, wie wenn wir von guten Taten, guten Menschen und guten Anliegen sprechen, zeigt, dass hier ursprünglich eine Einheit war, die nicht mehr ist. So haben es Sitte und Konvention heute schwer, sich neben Moral und Recht zu behaupten. Doch Sitte und Konvention sind im Normalbereich und Alltag die entscheidenden Größen, nicht Moral oder Recht (vgl. im Gegensatz dazu Habermas 1986).

Die meisten Probleme sind alltägliche Probleme, und die Ethik wird es heute auch hier nicht mehr richten, wenn denn nicht mehr klar ist, was der gewohnte Ort ist. Daher machen auch „gute" Menschen Vieles falsch. „Gute Menschen haben ein schlechtes Gewissen, schlechte Menschen haben kein schlechtes Gewissen", meinte Hannah Arendt. (Nun möchte ich nicht darüber sinnieren, was das Gewissen ist, sondern mit Sokrates bloß andeuten, dass es wahrscheinlich dieser Geselle ist, der einen erwartet, wenn man nach Hause kommt.)

Es gibt keine Ethik ohne Nachdenklichkeit, Denken ist eine Praxis, keine Kompetenz. Denken hat auch wenig mit Intelligenz zu tun: Man kann sehr intelligent sein, aber denkt doch nicht nach, man kann wenig intelligent sein und dennoch über sich und das Leben nachdenken. Doch warum denken, wenn es so wenig bringt? Ja, es bringt noch weniger als wenig, es zerstört vielmehr manches noch: Denken und Diskurse stören die Gedankenlosigkeit und sie zerstören die Gewissheiten. Zwar ist das Denken nach Hannah Arendt immer ein einsames Geschäft, denn beim „Denken ist man nicht dort, wo man wirklich ist; man ist nicht von Sinnesgegenständen umgeben, sondern von Vorstellungsbildern, die sonst niemand sehen kann" (1998, S. 91). Jeder geistige Akt beruht vielmehr darauf, „daß sich der Geist", welcher „lautlos", aber niemals „stumm" ist, „etwas vergegenwärtigen kann, was den Sinnen nicht gegenwärtig ist" (ebd., S. 81). In diesem Sinne ist aufhören zu denken ein „Verschwinden des Unsichtbaren" (ebd., S. 92). Der Geist ist zwar unsichtbar, aber dennoch diskursiv, und wird durch den Diskurs geweckt. Die Gedankenlosigkeit ist das fehlende Denken oder aber das zur Routine gewordene Denken, die nicht mehr reflektierte Denkgewohnheit. „Gedankenlosigkeit ist nicht Dummheit; sie findet sich auch bei hochintelligenten Menschen, und ihre Ursache ist nicht ein schlechtes Herz", doch: „wahrscheinlich kann umgekehrt Schlechtigkeit durch Gedankenlosigkeit entstehen" (ebd., S. 23). „Die Gedankenlosigkeit", so Arendt an anderer Stelle, „ist freilich ein mächtiger Faktor im menschlichen Leben (...), nicht nur im Verhalten der vielen, sondern im Verhalten aller. Gerade die Dringlichkeit, die a-scholia, der menschlichen Geschäfte verlangt vorläufige Urteile, das Sich-Stützen auf Sitten und Bräuche, also auf Vor-Urteile" (ebd., S. 77).

Ethik löst keine Probleme, sondern schafft Probleme. Das Denken „schafft keine Werte; es sagt nicht ein für alle Mal, was ‚das Gute' sei; anerkannte Verhaltensregeln bestätigt es nicht, sondern es löst sie auf" (ebd., S. 190). Denken ist „notwendigerweise zerstörend, unterminierend auf alle verfestigten Kriterien, Werte, Maßstäbe für Gut und Böse, kurz, auf die Sitten und Verhaltensregeln, die Gegenstand der Moral und Ethik sind" (ebd., S. 174).

Und die berühmte Hebammenkunst des Sokrates, die – als Mäeutik – pädagogisch meist „sehr nett" interpretiert wird, wiewohl Sokrates eben nicht nur „Hebamme", sondern auch „Stechfliege" und „Zitterrochen" genannt wird, diese Hebammenkunst hilft nicht in erster Linie das Gute zu gebären, sondern vielmehr von den falschen Meinungen zu entbinden, es handelt sich um eine Ausräumkunst. Nicht das Gute wird geboren, sondern das Falsche entbunden, könnte man sagen. Das ist der aporetische, nicht der mäeutische Sokrates (bzw. Platon). Sokrates, so Hannah Arendt „war ‚unfruchtbar' wie die griechischen Hebammen, die über das gebärfähige Alter hinaus waren" (ebd., S. 172). Doch die „ausräumende Seite des Denkens", die Hebammenkunst eben, „die die Konsequenzen ungeprüfter Meinungen herausarbeitet und diese dadurch zerstört – Werte, Doktrinen, Theorien und sogar Überzeugungen" – ist „mittelbar politisch (...). Denn die Zerstörung wirkt befreiend auf ein anderes Vermögen, das Vermögen der Urteilskraft, das man mit einiger Berechtigung das politischste der geistigen Vermögen des Menschen nennen kann" (ebd., S. 191).

Diskurse stören die Gedankenlosigkeit und die Gewissheit, so dass der „Wind des Denkens" zu wehen beginnt. Sehr schön paraphrasiert Arendt Sokrates mit den Worten: „wenn dich der Wind des Denkens, den ich jetzt in dir erwecken werde, aus dem Schlaf geweckt und völlig wach und lebendig gemacht hat, dann wirst du erkennen, dass du nichts in der Hand hast als Ratlosigkeit, und das Beste ist immer noch, sie zu unserer gemeinsamen Sache zu machen" (1998, S. 174 f.).

Es ist, so Hannah Arendt mit Kant, allein „das Negative, welches die eigentliche Aufklärung ausmacht'. Aufklärung meint (...) Befreiung von Vorurteilen, von Autoritäten, meint einen reinigenden Vorgang" (1998, S. 47), sie meint den Gang aus der „Höhle der Meinungen" (ebd., S. 76). Ethik löst keine Probleme, sie hilft, Ansichten zu verunsichern und stören, die der aufklärerischen Kritik nicht standhalten. Das ist alles, zwar nicht wenig, aber weniger als man sich wünschte.

Prämisse 2: *Man kann sich in ethisch bedeutsamen Fragen nicht einigen.* Die Frage ist daher nicht, wie man zu ethischem Konsens kommt, sondern wie mit ethischem Dissens umgegangen und gelebt werden kann. Max Planck hat übertreibend formuliert: „Es gibt Dinge, über die wir uns einigen können, und wichtige Dinge", und im Bereich des Ethischen lässt sich mit Gutmann und Thompson sagen: „Moral disagreement is here to stay" (Gutmann & Thompson 1997, S. 361). Da wir nicht mit Konsens rechnen können, stimmen wir am Schluss ab. Mit „Mehrheit statt Wahrheit" brachte es Hermann Lübbe auf eine kurze und prägnante Formel. Demokratie ist jene Lebensform, die nicht mit Konsens rechnet. Sie ist die geschwätzigste Staatsform (Jacob Burkhardt), und mitreden können ist fundamental, aber auch nicht mitreden zu müssen ist fundamental. Deshalb sind die Distanzierungsrechte gleichbedeutend wie die Partizipationsrechte, deshalb sind zwar Konsenskompetenzen sehr bedeutsam, aber nicht ausschlaggebend. Ausschlaggebend ist die Fähigkeit, mit Dissens zu leben. Das ist keine Kompetenz, sondern eine Tugend, eine Bereitschaft, eine Aufgabe und ein Mühsal. Toleranz heißt daher nicht etwa, für Anderes und Andere „offen" zu sein, sondern vielmehr Zustände und Verhaltensweisen zu erdulden, die man ablehnt. Toleranz kann man nicht ein und für alle Mal lernen und dann hat man sie, nein, sie ist jedes Mal eine neue Leistung, die schwer zu erbringen ist – darin liegt der große Unterschied zur Kompetenz!

Pourrons nous vivre ensemble? Egaux et différents heißt ein Buch des französischen Soziologen Alain Touraine (1997), der am Schluss nur eine Ermöglichungsbedingung kennt, die er – auch im Französischen – Bildung nennt. Am Schluss rekurrieren immer alle auf „la *Bildung*", „the German *Bildung*" oder etwas in der Art, während die Deutschen ihre Bildung lieber durch das Konzept der Kompetenz gerade vollständig ersetzt haben wollen.

Wenn gesagt wird, man müsse Verantwortung übernehmen, nicken alle mit dem Kopf, wenn man fragt, was Verantwortung ist und worin sie im konkreten Fall bestehe, kann man sich nicht einigen. Typischer Fall – der Konsens lautet: Verantwortung ist wichtig, der Dissens: wir wissen nicht, worin sie besteht. Nun, was hilft bei dieser allgemeinen Ratlosigkeit: kollektive Deliberation, gemeinsame Erwägungspraxis, Beratungs- und Fragegemeinschaft. Das sind die Modi, kluge, möglichst situationsangemessene Lösungen zu finden, die zwar nie ideal sind, einfach deshalb, weil es die Welt auch nicht ist: *Phronesis* als soziale Praxis.

Ethische Dilemmata sind nicht lösbar, oder sie sind keine Dilemmata. Ein Dilemma, das ethisch zu lösen ist, ist kein Dilemma. Der Mensch im moralischen Dilemma hat ein Problem, er wird es nicht lösen können, er wird sicher einen Fehler machen. Nur moralische Wesen stecken in dilemmatischen oder gar trilemmatischen Situationen – sie stecken deshalb in einer Zwickmühle, weil sie die dahinterliegenden und im Konkretfall widerstreitenden Werte, Wertungen oder Verpflichtungen als ihre eigenen schon lange verstanden haben, d.h. weil sie moralische Selbste sind. Sie haben ein Problem. Sie sind moralisch überfordert. Moral – wiewohl sie selber eine Kapitulation vor hoher Komplexität darstellt (vgl. Eilingsfeld 1994) – überfordert immer wieder: zu viel Sollen, zu wenig Können, zu viel des Guten, zu wenig des Möglichen. Daher gilt die meta-ethische Regel, dass Sollen Können implizieren muss, man kann nicht mehr von uns verlangen, als wozu wir fähig sind. Nur jeder für sich allein kann mehr von sich verlangen, als er kann, nur jeder für sich ist berechtigt, sich zu kritisieren, wenn er es der Welt und sich nicht recht machen kann.

Doch dauernd müssen und sollen wir mehr, als wir können. Das ist die normative Überdetermination der modernen Situation; der moderne Mensch sollte mehr tun und anders handeln, als er kann: Er sollte z.B. politisch tätig sein, sich mehr Zeit für die Familie oder Partnerschaft nehmen, viel mehr Zeit, aber er sollte auch in seiner Karriere vorwärtskommen, etwas für seine ästhetische Bildung tun, auch mehr Zeitung lesen, überhaupt lesen, er sollte die sogenannten Sozialkontakte verstärkt pflegen und mehr Sport treiben, vor allem sollte er Prioritäten setzen können und wissen, was wichtig ist im Leben und was nicht so wichtig ist. Er steht unter Systemzwängen, überall muss er sich anpassen, er wird verändert, verändert selber aber nichts. Das ist normal.

Zum Konstrukt des Berufsethos

Überlegungen zum Ethos des Lehrberufs beinhalten immer auch die Frage nach der speziellen Verantwortung, die Personen übertragen wird bzw. die diese zu tragen hätten. Als Tätigkeit mit teilweise professionellem Charakter sind die Lehrberufe sowohl instrumentellen als auch moralischen Anforderungen ausgesetzt, und erst die reflektierte Koppelung der beiden Aspekte weist das Konstrukt Berufsethos im Sinne einer pädagogischen und „sachgerechten Ethik" (Höffe 1984, S. 35) aus (vgl. dazu Reichenbach 1994).

In das Konstrukt „Berufsethos" fließen somit sowohl normative als auch deskriptive Aspekte ein; einerseits geht es um Verbindlichkeiten, nach denen sich Handeln orientiert und von welchem es geleitet wird, andererseits um Sachkenntnisse über die menschliche Lebenswelt, über eine allgemeine

„conditio humana" und „ihre epochal und regional verschiedenen Randbedingungen" (Höffe, ebd.).

Ein angemessenes Ethoskonstrukt kann sich deshalb weder rein normativ noch rein deskriptiv geben. Den Fokus primär auf den normativen Aspekt zu legen, wie dies meistens geschieht, birgt die Gefahr in sich, der empirischen Komplexität des Berufs nicht gerecht zu werden. Dies ist beispielsweise der Fall bei der Auflistung von Tugendkatalogen, über die Lehrpersonen verfügen sollten – eine vielleicht notwendige Tradition, die heute unter anderen Vorzeichen – etwa unter dem Stichwort „Berufsleitbild" oder jenem der „professionellen Kompetenzen" – fortgeführt wird.

Trotz des umstrittenen Status des Lehrberufs üben Lehrpersonen professionstypische Funktionen aus: „Ihre Arbeit bezieht sich auf universale Standards moralischer Rationalität, und sie schließt Entscheidungen angesichts von Unsicherheiten ebenso ein wie die Bewältigung von Rollenkonflikten" (Corsten & Lempert 1992). Diese Rollenkonflikte sind größtenteils bedingt durch den Widerstreit pädagogischer Ideale, postulierter Tugenden und der gesellschaftlichen Funktionen des Bildungssystems (Fend 1980).

Angesichts dieser Komplexität, die den Lehrpersonen wohl in unterschiedlichem Maße bewusst ist und die ihren Beruf schwierig und zur Aufgabe macht, muss man sich fragen, wie ein Begriff der Verantwortung von Lehrpersonen überhaupt gefasst werden kann, der angesichts der beschriebenen Lage auch noch handlungsleitend bzw. -orientierend ist.

Der Verantwortungsbegriff ist eng mit dem Begriff der Kausalität verbunden (vgl. Bayertz 1991, S. 187f.), d.h. wir nennen jemanden für die Folgen seines Handelns dann und (letztlich) nur dann verantwortlich, wenn

(a) die Folgen durch die Handlung kausal bewirkt worden sind,

(b) die Folgen voraussehbar gewesen sind und

(c) die Handlung hätte vermieden werden können.

Diese überzeugende Bestimmung führt angesichts der genannten Komplexität in relativ gravierende Schwierigkeiten, denn weder wissen wir im Erziehungs- und Bildungsbereich meistens oder häufig, durch welche Handlungen Folgen tatsächlich bewirkt worden sind, noch können die Folgen meistens oder häufig vorausgesehen werden, und schließlich schränken gerade die gesellschaftlichen Funktionen des Bildungssystems Handlungsmöglichkeiten ein. Die Frage ist also, ob ein „statischer" Begriff von Verantwortung genügen kann, bzw. ob nicht ein prozeduraler Verantwortungsbegriff vorgezogen werden müsste.

Die Komplexität der Tätigkeit von Lehrpersonen ergibt sich aus den Führungsfunktionen der Lokomotion und der Kohäsion (vgl. Müller & Hill 1980). Wie Führungspersonen außerhalb des Bildungsbereiches müssen auch Lehrpersonen sowohl dafür sorgen, dass im Hinblick auf zu lösende Probleme die richtigen Entscheidungen gefällt werden, dass diese Entscheidungen auch richtig implementiert werden (= Lokomotionsfunktionen), als auch dafür, dass die Gruppenmitglieder ihre Bedürfnisse befriedigen können und in der Gruppe verbleiben und sich darin weiterentwickeln (= Kohäsionsfunktionen). Diese beiden Führungsfunktionen befinden sich nun aber oft – auch und gerade in berufsmoralisch relevanten Situationen – im Widerstreit (vgl. ebd., S. 133).

Dieser Widerstreit zeigt sich daran, dass die Führungsfunktionen der Lokomotion Kräfte hervorrufen, die die Kohäsion der Gruppe gefährden. Die Lokomotions- und Kohäsionsfunktionen sind ab einem gewissen Erfüllungsgrad in einem antagonistischen Verhältnis zu sehen, d.h. sie können nicht beide gleichzeitig maximiert werden. Empirisch kann bis zu einem gewissen Grad an einer diesbezüglichen Zweiteilung festgehalten werden, die sich darin zeigt, dass primär zwischen sogenannten „Aufgabenspezialisten“ und „sozioemotionalen Spezialisten“, bei Lehrpersonen: zwischen „logotropen“ und „paidotropen“, oder, ganz allgemein, zwischen Führungspersonen zu unterscheiden ist, deren Fokus primär auf die Sache („Stoff“) oder aber auf „den Menschen“ gerichtet ist. Das dynamische Verhältnis von Lokomotion und Kohäsion ist kennzeichnend für jede Art von Führung und verantwortlich für die Reibung und tendenzielle Konflikthaftigkeit jeder Führungsbeziehung. Pädagogische Beziehungen sind immer auch Führungsbeziehungen, wiewohl dies heute m.E. implizit oder explizit zunehmend in Abrede gestellt wird.

Die Unterscheidung von Lokomotions- und Kohäsionszielen kann in vielerlei Hinsicht analog zur Unterscheidung von instrumentellen und moralischen Anforderungen angesehen werden. Wie die Koordination und Gewichtung dieser Aspekte vollzogen wird, hat mit dem zu tun, was Ethos genannt wird (vgl. Oser 1998).

Ethos statt Ethik

Der Begriff „Ethos“ benennt, wie erwähnt, die ursprüngliche Einheit von Moral und Sitte, vom Guten, Geziemenden und Gerechten, bestimmbar

„objektiv als Lebensgewohnheit und subjektiv als Charakter" (Höffe 1986, S. 170). Obwohl sich Moral und Sitte, die Vorstellungen des Guten und Gerechten, von Anstand, Brauch, Gewohnheit und Konvention auseinanderdividiert haben, wie schon erwähnt, schwingt im Ethos-Begriff noch jene Ganzheitlichkeit mit, die sich nicht in ethischen Richtlinien oder berufstypischen Geboten und Verboten erschöpfen kann.

Die hohen Anforderungen an den Beruf verlangen zusätzlich nach einer inneren Haltung und einer situativen Klugheit, die weder rechtlich noch aufgrund anderer äußerer Einflüsse (etwa sozialem Druck) längerfristig sichergestellt werden können. Der internalisierte Anteil des Ethos deutet sich in der historischen Entwicklung des Berufsethos beispielsweise von Lehrerinnen und Lehrern an. So unterschied Schach (1987) zwischen

(a) einem religiösen Berufsethos („Der gottesfürchtige Schulmeister"),
(b) einem idealistischen Berufsethos,
(c) einem politisch orientierten Berufsethos und
(d) einem Berufsethos des Lehrers resp. der Lehrerin in pluralistischen Systemen.

Mit Ausnahme des letzten und wohl zeitgemäßen Konzeptes von Berufsethos kommt bei den drei erstgenannten allein in der Titulierung jene besprochene Einheit von Verhalten und Haltung (Charakter) noch zum Ausdruck. Dass sich eine Berufsethoskonzeption in pluralistischen Systemen nicht mehr auf eine (inhaltlich mehr oder weniger stark fixierte) Dimension des Erfahrungshorizontes reduzieren lassen kann, sondern so flexibel geartet sein sollte, dass der Vielfalt der Situationen und der beteiligten Akteure angemessen, und d.h. für alle Beteiligten akzeptabel, begegnet werden kann, kommt schon an dieser Stelle zum Ausdruck. Das heißt jedoch weiter, dass ein in diesem Sinne angemessenes Berufsethos an jenen Verbindlichkeiten (regulativen Ideen) ansetzt, die ein „mittleres" Allgemeinheitsniveau aufweisen, um sowohl einem rigiden Regeldogmatismus (den man heute an manchem Ort neu aufkommen sieht) zu entgehen als auch dogmatischen (ethischen) Relativismus und Skeptizismus zu vermeiden.

Ein solches Konzept greift notwendigerweise zu kurz, wenn es sich ausschließlich an Tugenden und Tugendkatalogen orientiert. Denn die fundamentalen Tugenden beispielsweise der Gerechtigkeit, der Fürsorge, der Wahrhaftigkeit, aber selbst der Tüchtigkeit und des Wohlwollens im Beruf, sind sowieso unstrittig. Die Postulierung solcher, zu Recht immer wieder erwähnter, Tugenden begründet kein Ethos. Dazu bedarf es eines Kriteriums, das angesichts nicht uneingeschränkt konsensfähiger Wertvorstellungen der Beteiligten bestehen kann. Deshalb liegt es nahe, ein prozedurales Konzept von Berufsethos zu präferieren, das sich an Verfahrensethiken orientiert (vgl. Reichenbach 1994).

Beispiele für geforderte Lehrertugenden werden von Ludwig Kerstiens (1988, S. 120) zusammengefasst: so erwähnt Otto Friedrich Bollnow (1964) Liebe, Geduld, Hoffnung, Heiterkeit, Humor und Güte. Bei Josef Derbolav (1985) sind es sachbestimmte Autorität, pädagogischer Eros, pädagogische Gerechtigkeit, Takt und Humor; bei Bernhard Schleissheimer (1984) Offenheit, Selbstkritik, Beständigkeit, Gelassenheit, Besonnenheit u.a. Die etwas sonntagsrednerisch anmutenden Auflistungen entpuppen sich in imaginären oder tatsächlich erfahrenen Kontextualisierungen mehr oder weniger als unbrauchbar, d.h. aus ihnen kann weder etwas handlungsleitend Relevantes deduziert werden, noch kann man ernsthaft behaupten, der Inhalt dieser Formulierungen sei schon richtig, nur die Wirklichkeit als Spielfeld ihrer Realisierung ebenso enttäuschend.

Dies hat seinen Ursprung in der Charakteristik von Sollensformulierungen: Verbindlichkeiten als allgemeingültige (d.h. verallgemeinerbare) Grundsätze sind:

(a) nicht positiv verallgemeinerbar (da sonst begründungsunfähig), sondern nur negativ in Bezug auf das Nicht-Gesollte bzw. Nicht-Gewollte (vgl. Höffe 1979; Wellmer 1986; Nunner-Winkler 1989). Die Konsensfähigkeit von allgemeingültigen Grundsätzen muss sich

(b) in konkreten (oder imaginär durchgespielten) Konfliktsituationen erst erweisen. In solchen konkreten Konflikten erweisen sich denn auch

(c) allgemein-diffus formulierte Sollensforderungen der Art „Lehrer sollen die Jugendlichen erwachsen werden lassen …“ (Richter 1990, S. 25) als völlig inhaltsleer.

Aus der Unbestimmtheit solcher Formulierungen lassen sich keine Verbindlichkeiten ableiten, die konkret hilfreich sein könnten.

Das Verschwinden der Lehrperson und die sinnfreie Schule

Sicher war der Einfluss der sogenannten humanistischen Psychologie in der Pädagogik nicht die einzige Quelle oder Ursache, die zur Schwächung der Einsicht in die Bedeutung des Lehrens führte (vgl. Reichenbach 2012a, 2012b). Vielmehr ist die Pädagogik der humanistischen Psychologie im Sinne Carl Rogers als einer von mehreren Indikatoren einer allgemeinen kulturellen Transformation des Umgangs zwischen Gleichen und Ungleichen zu verstehen (vgl. Illouz 2009). An Rogers' *Pädagogik* lässt sich aber ein Beginn dessen illustrieren, was hier etwas dramatisch als das „Verschwinden des Lehrens" bezeichnet werden soll, welches im Grunde einem „Verschwinden der Lehrperson" oder auch der Reduktion der *Lehr*person auf „bloße Personalität" gleichkommt.

1969 erscheint Carl Rogers' *Freedom to Learn*, und nach etlichen Auflagen und Übersetzungen folgt 1994 eine Überarbeitung (mit und durch Jerome Freiberg [Rogers & Freiberg 1994])[14]. Die Einleitung ist von pessimistischen Diagnosen geprägt: „Our schools constitute the most traditional, conservative, rigid, bureaucratic institution of our time" (Rogers & Freiberg 1994, S. xxi) und benennt die Anliegen Rogers: den Lehrpersonen dabei zu helfen, ein Vertrauensklima zu schaffen, partizipative Entscheidungsfindungen zu praktizieren, den Lehrpersonen wie auch den Schülerinnen und Schülern Selbstvertrauen und Selbstwertschätzung zu ermöglichen, ihnen das Lernen zu erleichtern, als Personen zu „wachsen" („grow as persons") und „rich satisfaction in their interaction" (Erfüllung resp. Zufriedenheit in ihrer Interaktion) zu finden sowie zu merken, dass das „gute Leben", das „good life", *in* allen Personen steckt und nichts ist, „that is dependent on outside sources" (das von äußeren Faktoren abhängt; ebd., S. 21–25).

Freedom to Learn ist geprägt von Gegenüberstellungen zwischen guten und schlechten Formen von Schule, Unterricht und Erziehung. So gibt es genau *zwei* Arten von Klassenzimmern: Zum einen Klassenzimmer, in denen die Schüler zu Konsumenten von Information degradiert werden – „tourist classrooms" –, und zum anderen jene, in denen die Schülerinnen und Schüler Ideenproduzenten sein können – genannt „citizen classrooms" – (ebd., S. 8). Es gibt auch nur *zwei* Formen des Lernens, namentlich das *emotionslose* Lernen ohne persönliche Bedeutung bzw. inneren

14 Ich habe mich mit der Thematik *Freedom to Learn* im Rahmen mehrerer Vorträge befasst, deren Überarbeitungen bald publiziert werden und die mit den hier versammelten Abschnitten teilweise zusammenfallen bzw. übereinstimmen (vgl. Reichenbach & Dietschi [in Vorb.]. Eine frühere Arbeit zur gleichen Thematik: Reichenbach & Oser 1995).

Bezug zum Gegenstand und das persönlich *bedeutungsvolle, experimentelle* Lernen, das sogenannte „whole-person learning“ (ebd., S. 36). Dieses gute Lernen kommt in den amerikanischen Schulen kaum vor. Die Hauptgründe: der Instruktionsmodus, die standardisierten Tests, die Evaluationskriterien, die Noten, die von den Lehrpersonen bestimmt werden, u.a. (ebd., S. 37). Die traditionelle Schule ist die schlechte Schule, und Rogers Hauptfrage ist daher, wie die verstaubten Klassenzimmer in „facilitative classrooms“ („fördernde“ Klassenzimmer) transformiert werden können, in welchen Lehrpersonen sowie Schülerinnen und Schüler sie selbst werden („to become real“), sich selbst entdecken („self-discovery“) und sich im Lebenslauf situieren, denn Lernen ist ja „a lifetime journey“ (eine lebenslange Reise). Doch auch die Schulleitungen und -administrationen müssen/sollten „facilitators of learning“ (Lernförderer resp. -unterstützer) werden. Was ist „facilitation of learning“? Rogers (und Freiberg): „*Teaching* means ‚to instruct‘. Personally, I am not so much interested in instructing another in what she should know or think, though others seem to love to do this“ („*Unterrichten* bedeutet ‚instruieren‘. Ich persönlich bin nicht so sehr daran interessiert, jemanden zu instruieren, was sie [oder er] wissen oder denken soll, auch wenn andere dies gerne zu tun scheinen“; ebd., S. 151). Und: „Teaching is, for me, a relatively unimportant and vastly overvalued activity“ („Unterrichten ist meines Erachtens eine vergleichsweise unwichtige und deutlich überbewertete Tätigkeit“, ebd.). Gründe: zum einen würden sich Gesellschaft und Umwelt so schnell verändern („changingness of the environment“; ebd., S. 152), zum anderen veralteten damit die Lerninhalte (bei Rogers) ganz rasant: „The one thing I can be sure of is that the physics taught to the present-day student will be outdated in five years or less“ („Worin ich mir sicher sein kann, ist, dass das physikalische Wissen, welches den heutigen Schülern beigebracht wird, in fünf Jahren oder noch eher überholt sein wird“, ebd.). Auf die Lern*inhalte* kommt es deshalb auch nicht an, sondern vielmehr: „[to] free curiosity, to permit individuals to go charging off in new directions dictated by their own interests, to unleash the sense of inquiry, to open everything to questioning and exploration, to recognize that everything is in process of change – here is an experience I can never forget“ („Neugier zu wecken, den Individuen zu erlauben, in neue Richtungen aufzubrechen, die durch ihre eigenen Interessen bestimmt sind, das Fragevermögen zu entfesseln, alles für das Fragen und Entdecken zu öffnen, zu erkennen, dass sich alles im Wandel befindet – darin liegt eine

Erfahrung, die ich nie vergessen werde“; ebd., S. 153). „Facilitation of learning“ beschreibt einen Prozess: the „way in which we might develop the learner and the way in which we can learn to live as individuals“ (die „Art, auf die wir den Lernenden entfalten können, und die Art, wie wir lernen können, als Individuen zu leben“; ebd.). Erfahren die Schüler Authentizität, Wertschätzung, Vertrauen sowie empathisches Verständnis, so entsteht ein freies Lernklima und die Lehrpersonen verändern sich zu „catalyzers, facilitators, energizers“ (Förderern, Vermittlern, Aktivierern), „they give students freedom and life and the opportunity to learn. Most important, they are co-learners with students“ („die den Schülern Freiheit und Leben ermöglichen und die Möglichkeit geben zu lernen. Am wichtigsten ist, dass sie deren Mit-Lerner sind“; ebd., S. 167). „Facilitator of learning“, erfährt der Leser, „is not just a fancy name for teacher“ („Lernförderer resp. -unterstützer ist nicht bloß ein schickeres Wort für Lehrer“), im Gegenteil: „There is *no resemblance* between the traditional function of teaching and the function of the facilitator of learning“ („Es besteht *keinerlei Ähnlichkeit* zwischen der traditionellen Funktion des Unterrichtens und der Funktion des Lernförderers“; ebd., S. 170; Hervorhebung R.R.). Die Methoden der Fazilitation bzw. Förderung des Lernens sind: „self-assessment“, „inquiry“, „projects“, „role-plays“ und/oder „contracts“ (Selbstevaluation, Nachforschung, Projekte, Rollenspiele und/oder Verträge), wobei die Rolle der Gruppe und des Teamteachings hervorgehoben wird.

Typischerweise kommen bei Rogers Lern- und Lehrinhalte nicht vor, da sie im Grunde auch nicht wichtig sind, der Lerner soll ja „als Person“ wachsen, die Lehrperson ihm dabei helfen, ohne zu instruieren oder „Stoff zu vermitteln“. Da die Lehrperson letztlich nicht mehr lehrt, sondern nur noch als *Lernhilfe* interessiert, scheinen die Aspekte der Personalität und der Beziehung im Vordergrund zu stehen. Dabei wird jedes Anzeichen von Autorität bzw. Autoritätsanerkennung kaschiert und die Lehrperson der „Autoritätsquellen“ Wissen und Instruktion gewissermaßen beraubt. Wenn überhaupt, dann ist die Beziehung zwischen Lehrperson und Schülerinnen oder Schülern allein von Kooperation und Gleichheit geprägt. Für das Lernen muss die Lehrperson daher auch keine Verantwortung mehr übernehmen, sondern nur dafür, „höchstpersönliche Lernprozesse“ in einem Klima des Vertrauens *unterstützt* zu haben. Die Lehrperson ist in diesem Sinne Therapeut und Coach, nicht aber Trainer oder Mentor und sowieso nicht Repräsentant der Kultur des Wissens und Könnens. Scheinbar wird das Lernen gerade durch das *Fehlen* einer entsprechenden Kulturaneignung besonders sinnhaft (!), denn der Sinn und vor allem das Glück kann ja nur in der Person liegen (wo denn sonst?) … „Facilitation" heißt, den Erwerb der Techniken für ein glückliches und sinnvolles Leben der Schülerinnen und Schüler zu unterstützen. „Gutes Lehren" wird implizit oder explizit zum Gegenteil von Instruieren, Unterrichten, Anweisen und Zeigen erklärt.

Die mit diesem „humanistischen" Gedankengut verbundene Verfügbarkeitsillusion – Techniken eines eigenen, vollständigen und glücklichen Lebens erwerben zu können – wird heute freilich mitunter ironisch betrachtet, oder sein Verlust – was vielleicht noch schlimmer, vielleicht auch besser ist (?) – wird gar nicht mehr bemerkt. Das Vergessen mindert das Leiden, und wer schlecht im Vergessen ist, für den gilt – wie es Pieter Sloterdijk kürzlich nannte – ein „rigoroses Melancholieverbot" (2009, S. 74). Den Luxus der depressiven Stimmungen können sich die „Virtuosen des Normalseinkönnens" – im Grunde die unbekannten psychologischen Helden der Zeit – sowieso nur selten leisten (ebd., S. 79). Der defizitäre Mensch aber hat eine Aufgabe, denn der „wahre Gott" – so Sloterdijk – „ist jener, der den Menschen bedingungslos überfordert, während der Teufel ihn auf seiner Ebene abholt" (ebd., S. 139).

Interessante Pädagogik: Das Kind soll nicht „dort abgeholt werden, wo es ist", auch beispielsweise nicht „in die Wüste geschickt" oder „im Schilf stehen gelassen" werden, sondern ist an einem Ort zu erwarten, an dem es nie ankommen wird (einem unmöglichen Ort – was vielleicht noch „humanistischer" ist, als es sozusagen in der Ortlosigkeit oder am Unort zu erwarten …).

Der pädagogische Gott ist der Gegenspieler des psychologischen Teufels. Interessant übrigens, wie auch Sloterdijk schon fast in die humanistische Psychologie hinab regrediert, wenn er die Schule kritisiert:

> „Jahr für Jahr entlässt (…) [die Schule] mehr und mehr desorientierte Schülerkohorten, denen man ihre Anpassung an ein maladaptiv aus dem Ruder gelaufenes Schulsystem immer deutlicher anmerkt, ohne dass den einzelnen Lehrer oder Schüler auch nur die geringste Schuld daran träfe. Beide sind in einer Ökumene der Desorientierung vereint, zu der sich ein historisches Gegenstück kaum finden lässt …"
>
> (Sloterdijk 2009, S. 681).

Darüber hinaus sei das Schulsystem zu einem „selfish system" (selbstbezüglichen System) geworden: Die Schule

> „produziert Lehrer, die nur noch an Lehrer erinnern, Schulfächer, die nur noch an Schulfächer erinnern, Schüler, die nur noch an Schüler erinnern. Dabei wird die Schule auf inferiore Weise ‚antiautoritär', ohne aufzuhören, formal Autorität auszuüben."
>
> (ebd., S. 684)

Die Lehrpersonen würden nur noch die „Selbstbezüglichkeit des Unterrichts zelebrieren" – selbstbezüglich sei Unterricht, der stattfindet,

> „weil es in der Natur des Systems liegt, ihn stattfinden zu lassen. Mit der Ausdifferenzierung des Schulsystems ist ein Zustand eingetreten, in dem die Schule ein einziges Hauptfach kennt, das ‚Schule' heißt: der Schulabschluss. Wer von solchen Schulen abgeht, hat bis zu dreizehn Jahren lang gelernt, sich die Lehrerinnen und Lehrer nicht als Vorbilder zu nehmen. Durch Anpassung an das System hat man ein Lernen gelernt, das auf die Verinnerlichung der Materien verzichtet; man hat, nahezu irreversibel, die Stoffaufnahme ohne aneignendes Üben eingeübt."
>
> (ebd., S. 684 f.)

Diese sicher pointierten, empirisch schwer zu belegenden, aber doch erfahrungsgetränkten Aussagen bezeichnen eine ausgehöhlte, für viele Schülerinnen und Schüler wie auch Lehrpersonen offenbar weitgehend sinnentleerte Institution, die aber in ihrer Hülsenhaftigkeit und Funktionalität recht stabil zu sein scheint. Das ist zwar erstaunlich, aber eben auch ein Gewöhnungseffekt. Die Lehrperson *lehrt* hier eigentlich *nicht mehr*, sie arrangiert, moderiert und administriert, sie unterhält Gruppen von selbstregulierten Lernern, die ihre Zeit bis zur Pause, zum Wochenende, zum Ferienbeginn und schließlich zum Schulabschluss – wenn es geht – störungsfrei und unauffällig absolvieren. Offenbar erwarten sie, dass das sogenannte *Leben* dann besser oder freier wird, oder dann überhaupt endlich beginnt. Diese Erwartung oder Hoffnung sollte den jungen Menschen nicht ganz genommen werden, muss es aber auch nicht, denn mit der *Sinnfreiheit des Tuns* haben sie sich schon arrangieren gelernt. Denn das kennt man ja „von der Schule her", in der es nicht auffällig erscheint, dass man sie zum Zwecke „offener Lernprozesse", „selbstregulierten Lernens" und „Lernen des Lernens" überhaupt noch besuchen muss.

3. Der unklare Erziehungsauftrag[15]

These: Der Erziehungsauftrag der Schule ist unklar und kann oder soll sogar auch nicht klar sein. Ob die Schule einen Erziehungsauftrag habe und worin er besteht, ist, mit anderen Worten, strittig. Die tiefe Verunsicherung auf Seiten von Eltern und Schule ist auszuhalten. Erziehung ist keine Technologie. Beziehungsweise: Eine auf Verhaltensmodifikation reduzierte Erziehung wird in der Regel – wenigstens im deutschsprachigen Raum – mehr als bloß skeptisch betrachtet. Diese Skepsis ist verständlich, löst aber freilich keine Probleme.

Reden über Erziehung

‚Erziehung' ist sicher der Kern- oder Grundbegriff der Erziehungswissenschaft, würde man meinen. Aber ist es überhaupt möglich, Erziehung wissenschaftlich zu untersuchen? Und ist das, was Erziehungswissenschaftler und -wissenschaftlerinnen vornehmlich tun, tatsächlich die wissenschaftliche Erforschung von Erziehung, d. h. beispielsweise von Erziehungsprozessen, Erziehungsmitteln und -zielen, Diskursen über Erziehung, Wirkungen von und Grenzen der Erziehung? Diese Fragen können kaum sinnvoll beantwortet werden, solange nicht geklärt ist, was denn ‚Erziehung' sei. Sucht man aber nach konkreten Bestimmungen, welche menschlichen Tätigkeiten als erzieherisches Handeln auszuweisen wären, so zeigt sich bald, dass ‚Erziehung' keinen Beobachtungsbegriff darstellt. Dies bedeutet erstens, dass (pädagogisch einschlägiges oder interessierendes) soziales Handeln immer nur als Erziehung interpretiert oder rekonstruiert werden kann, und zweitens, dass die Rede über Erziehung im Grunde immer nur eine Rede über die Rede der Erziehung darstellt – und vielleicht „schlimmer" noch: dass nicht-metaphorisches Reden über Erziehung gar nicht möglich zu sein scheint. Israel Scheffler vertrat in *Die Sprache der Erziehung* (1971, ame-

[15] Dieses Kapitel entspricht, freilich mit Anpassungen, einem früheren Beitrag (vgl. Reichenbach 2011a).

rikanisches Original 1960) noch die Ansicht, das Reden über Erziehung könne in drei Gruppen aufgeteilt werden, namentlich in (a) Definitionen, (b) Metaphern und (c) Slogans, so dass nicht-metaphorisches Reden über Erziehung zwar insgesamt nicht wahrscheinlich, aber doch möglich sei. Aus sprachanalytischer Perspektive würde diese Möglichkeit heute noch wohl kritischer eingeschätzt werden. In den Sozialwissenschaften wird gerne formuliert, es handle sich wie bei anderen Begriffen auch bei der Erziehung um ein „Konstrukt", d.h. Erziehung sei nicht direkt beobachtbar, wohl aber gäbe es beobachtbare, konkrete Verhaltensweisen, die als „Erziehung" (= Konstrukt) betrachtet werden können. Um dieses zu tun, müssten allerdings kognitive Konzepte beansprucht werden, die nicht aus der vorliegenden Wahrnehmung und Situationsbeurteilung folgen („Das ist – gute, schlechte, eigenartige – Erziehung!"), sondern denselben vielmehr vorausgehen und sie strukturieren und ermöglichen helfen.

Was ist eine Erziehungssituation?

Man betrachte folgende sechs minimale Situationsbeschreibungen und frage sich, ob es sich hier jeweils um eine pädagogische Situation bzw. um Erziehung handele oder nicht. Woran lässt sich dies erkennen? Welche Zusatzinformationen würden die Beantwortung dieser Frage aus welchen Gründen in der einen oder anderen Richtung erleichtern oder eindeutig machen?

(a) Die Lehrerin bittet Johann in der Pause, das Arbeitsblatt vom Boden aufzuheben.
(b) Die Mutter tröstet den kleinen Janusz, nachdem er sich beim Raufen mit anderen verletzt hat.
(c) Maria streitet mit ihren Eltern, welche darauf beharren, dass ihre Tochter noch vor Mitternacht wieder zu Hause sein müsse.
(d) In der Lehrerkonferenz wird beraten, ob Peter für die Versetzung zur nächsthöheren Schule empfohlen werden soll.
(e) Der Vater streicht Johns Taschengeld für zwei Wochen, weil dieser wiederum sein Zimmer nicht aufgeräumt hat.
(f) Alice fragt sich, welchen Beruf sie ergreifen soll; sie merkt, dass Sängerin zu werden, wohl „bloß" ein „Mädchentraum" ist.

Vielleicht ist es nicht unpassend, die relevanten Tätigkeiten in diesen Situationen in der (a) Aufforderung bzw. dem Bitten oder Appellieren, (b) der

Fürsorge bzw. dem fürsorglichen Verhalten (Trösten), (c) dem Ver- oder Aushandeln, (d) der Beratung, (e) der Bestrafung und (f) der Selbstvergewisserung bzw. Selbsterkenntnis zu sehen. Soweit mag man sich einigen können. Nur, um das erste Beispiel aufzugreifen, wann ist die Aufforderung oder die konkrete Bitte, dieses Blatt vom Boden aufzuheben, pädagogisch bedeutungsvoll bzw. eine erzieherischere Handlung? Worauf kommt es an? Was ist, wenn Johann nicht sechs, sondern beispielsweise 18 Jahre alt ist? Ergibt sich dadurch eine Veränderung der Beurteilung? Macht es einen Unterschied, ob das Blatt Johann gehört oder jemand anderem? Ob es sich um eine schöne Zeichnung, ein wichtiges Arbeitsblatt handelt oder bloß um beschädigtes Notizpapier? Ob die Lehrerin will, dass dieses Blatt nicht auf dem Boden herumliegt, weil es beschädigt werden könnte oder einfach weil es stört? Ob sie mit ihrer Aufforderung meint, Johann beim Aufbau seines Sinnes für Ordnung zu helfen? Und wenn dies so wäre: Muss sie diesen Glauben artikulieren, ihre Erwartung für Johann wahrnehmbar machen? Und muss Johann diese Intention verstehen? Und wenn er sie nicht verstehen würde, wäre es dann keine Erziehung? Und was wäre, wenn Johann kein Kind, sondern ein Mitarbeiter in einer Firma wäre, und sein Vorgesetzter die Bitte formulierte: „Johann, darf ich Sie bitten, dieses Blatt aufzuheben?" Wäre dies keine Erziehung?

Wie jeder gesellschaftlich zentrale Begriff (z.B. Identität, Gerechtigkeit, Liebe) ist auch der Begriff der Erziehung strittig. Strittig – dies sei wiederholt – heißt nicht „schwammig", sondern eben „strittig" (!), d.h. man kann durchaus auf kohärente Weise über Fragen nach der Erziehung diskutieren, wiewohl man sich schließlich dennoch nicht einig wird, was nun Erziehung „wirklich" und welches günstiges oder das richtige Erziehungshandeln sei. Zu Recht wird die Definition von Hans Bokelmann immer wieder neu zitiert, danach ist Erziehung

> „dasjenige Handeln, in dem die Älteren (Erzieher) den Jüngeren (Edukanden) im Rahmen gewisser Lebensvorstellungen (Erziehungsnormen) und unter konkreten Umständen (Erziehungsbedingungen) sowie mit bestimmten Aufgaben (Erziehungsgehalten) und Maßnahmen (Erziehungsmethoden) in der Absicht einer Veränderung (Erziehungswirkungen) zur eigenen Lebensführung verhelfen, und zwar so, daß die Jüngeren das Handeln der Älteren als notwendigen Beistand für ihr eigenes Dasein erfahren, kritisch zu beurteilen und selbst fortzuführen lernen".
>
> (Bokelmann 1970, S. 185).

Nur, darüber lässt sich streiten. In demokratischen Gesellschaften hat auch die Wissenschaft nicht das letzte Wort bei der Bestimmung von Begriffen, aber die Wissenschaft hat die Aufgabe, Begriffe zu erhellen, vorzuschlagen und zu kritisieren. Dabei sind Unterscheidungen von fundamentaler Bedeutung. Eine traditionsreiche Unterscheidung ist in der deutschsprachigen Pädagogik jene zwischen intentionaler und funktionaler Erziehung.

Intentionale und funktionale Erziehung

Formal betrachtet, kann Erziehung also als soziales Handeln von Erwachsenen bestimmt werden, welches sich auf das Lernen im Allgemeinen bzw. auf dauerhafte Verhaltensveränderungen (Auf- und Abbau von Verhaltensdispositionen) und vor allem auf die Entwicklung und Förderung von Handlungs- und Urteilsfähigkeit der heranwachsenden Generation im Besonderen richtet. Während der Handlungsbegriff intentionales und bewusstes menschliches Tun impliziert und Erziehung demzufolge meist als *intentionale* Tätigkeit verstanden wird, bezieht sich die sogenannte *funktionale* Erziehung auf andere sozialisatorische Einflüsse, welche das Lernen und die Entwicklung der Kinder und Jugendlichen in fast jeder Hinsicht (moralisch, politisch, religiös, ästhetisch ...) prägen. Die Begrifflichkeit der „funktionalen Erziehung" wurde von Ernst Krieck in *Philosophie der Erziehung* (1930/erstmals 1922) eingeführt. Krieck mauserte sich später zu einem der zentralen pädagogischen Ideologen des nationalsozialistischen Regimes. Allerdings erörterte Krieck die Differenzierung zwischen funktionalen und intentionalen Aspekten der Erziehung noch in einem Werk, das sich grundlegenden pädagogischen Fragen stellte. Darin wird die erzieherische Wirkung auch der Gleichaltrigen und der sozialen Gemeinschaft, der Gruppen und Generationen hervorgehoben. Nicht allein die ältere Generation erziehe die jüngere, sondern die Tatsache, dass Menschen – unvermeidbar – Mitglieder von Generationen, Gruppen und Gemeinschaften sind, habe erzieherische Implikationen. Diese meist unbeabsichtigten Einflüsse auf das Lernen und die Entwicklung der Menschen werden heute vornehmlich sozialisationstheoretisch analysiert, wobei der Fokus eben nicht auf die intentionalen, präskriptiven, reflexiv begründeten und normativ legitimierten, sondern auf mehr oder weniger unbeabsichtigte Einwirkungen gerichtet wird. Mit der begrifflichen Differenz von intentionaler und funktionaler Erziehung bahnte sich an, was später die „realistische Wendung in der pädagogischen Forschung" (Roth 1964) heißen sollte. So untersucht Sozialisationsforschung heute im pädagogischen Bereich kaum noch die konkreten Formen und Tätigkeiten des Erziehungsprozesses, sondern – wohl weil wissenschaftlich leichter, wenn auch immer noch nicht leicht zugänglich – familiäre, schulische und außerschulische Sozialisationsbedingungen, insbesondere auch in ihrem Wandel.

Interessant und bedeutsam ist nun die Frage, welche Wirkungsunterschiede wissenschaftlich belegt werden können: Ist die Wirkung von intentionalem Erziehungshandeln gegenüber den vielfältigen, Lebensphasen und Lebensbereiche umfassenden Sozialisationseinflüssen nicht letztlich zu vernachlässigen? Oder sollte man davon ausgehen, dass das pädagogische Handeln sich gerade um die Verbesserung der Sozialisationsbedingungen bemühen sollte? Die Erwartung der Wirkung von intentionaler Erziehung mag von Ohnmachtsfantasien (Erziehung bewirkt letztlich nichts oder ihre Wirkungen sind nicht voraussagbar ...) bis hin zu Allmachtsfantasien (der „neue" und bessere Mensch kann willentlich geformt werden, die Menschheit kann als ganze durch Erziehung verbessert werden ...) geprägt sein. Die Annahmen und Hoffnungen der Wirkung erzieherischen Handelns können als Reaktionen auf die gesellschaftliche und politische Situation und wahrgenommene Interventionsnotwendigkeiten und -möglichkeiten verstanden werden, sie stehen mit der Erziehungswirklichkeit u. U. nicht in engem Kontakt. Hermann Giesecke hat in seinem Pamphlet *Das Ende der Erziehung* (1985) beispielsweise die Thesen vertreten, dass

(a) man sich in der Erziehung nicht mehr um die Zukunft des Kindes kümmere, sondern immer zunehmend noch um seine gegenwärtigen Bedürfnisse,
(b) dass das Generationenverhältnis diffundieren bzw. verschwimmen würde, die dominanten Sozialisationserfahrungen vor allem gegenwartszentriert seien, d.h. sich vorwiegend auf Konsum und Freizeit bezögen, und
(c) die Erziehungswissenschaft schließlich nicht mehr Erziehungsprozesse, sondern allein noch Sozialisationsprozesse beschreiben bzw. untersuchen würde.

Ein Vierteljahrhundert später bestätigen sich zentrale Aspekte der genannten Thesen. Dies wird u.a. im Diskurs über Kindheit und Jugend im Wandel deutlich (vgl. weiter unten).

Erziehung im Kontext der sozio-kulturellen Entwicklung

Alfred K. Treml (1987) hat die Unterscheidung von funktionaler und intentionaler Erziehung in den Kontext der sozio-kulturellen Evolution gestellt und grob zwischen drei Phasen der Menschheitsgeschichte unterschieden:

(a) archaische Gesellschaften,

(b) Hochkulturen (seit ca. 5 000 Jahren) und

(c) die Moderne (seit 200 – 400 Jahren).

Danach ist Erziehung gerade in archaischen Gesellschaften primär als Imitation (Nachahmung/Sozialisation), also funktional zu verstehen, genauer: Familienerziehung als Imitation und Stammeserziehung als Initiation zu begreifen. Erziehung dient hier vorwiegend der Traditionsbewahrung. In Hochkulturen tritt zur funktionalen auch die intentionale Erziehung hinzu, d.h. die Erziehungskultur differenziert sich. So gibt es für Minderheiten absichtsvolles erzieherisches Handeln und planvollen Unterricht (beispielsweise für die Elite im alten Ägypten). Im Unterschied zu den segmentären Ordnungen archaischer Gesellschaften sind Gesellschaften in den Hochkulturen stärker stratifikatorisch geprägt, also durch soziale Schichtungen; Erziehung ist dort für die obersten Schichten und Minderheiten wesentlich differenzierter und vor allem bewusst und geplant, das Lernen entsprechend nicht nur mimetisch. Mit der Moderne entsteht das Ideal der intentionalen Erziehung für alle. Kulturelle Voraussetzung ist u.a. die Entmoralisierung und Desakralisierung der Natur bzw. der „natürlichen Ordnung" (der sozialen Unterschiede). Moderne Gesellschaften zeichnen sich durch funktionale Differenzierungen aus; einerseits müssen und können nicht alle Gesellschaftsmitglieder alles lernen, andererseits machen die Ausdifferenzierung der gesellschaftlichen Systeme sowie die notwendige Arbeitsteilung schulisches Lernen nötig (Treml 1987, S. 120). Das heißt aber natürlich nicht, dass der Einfluss der funktionalen Erziehung und insbesondere weiterer sozialisatorischer Einflüsse nun insgesamt geringer geworden wäre.

Unabhängig von dieser Betrachtung muss festgehalten werden, dass die Geschichte der Kindheit und Erziehung vor allem eindrücklich und erschütternd ist (vgl. Ariès 1977; deMause 1992; Scheuerl 1985; Tenorth 1988). Bei der Bewertung der teilweise – aus heutiger Sichtweise – dramatischen Behandlung und Misshandlung der Kinder muss menschheitsgeschichtlich mitbedacht werden, dass Kind zu sein in vielen Epochen nicht bedeutete, „Ausnahmewesen" zu sein, sondern dass es bis vor wenigen Jahrhunderten eher die Ausnahme war, als Neugeborenes oder Kleinkind überhaupt einmal das Erwachsenenalter zu erreichen; die Großzahl der Menschen ist in den meisten bisherigen Epochen als Kind gestorben (Dekkers 2001). Die starke emotionale Bindung der Eltern an das Neugeborene und das Kind, die wir heute als normal und notwendig betrachten, ist insofern auch in Funktion bestimmter kultureller Bedingungen zu sehen, und keineswegs bloß „natürlich“. Damit deutet sich an, dass wer über das „Wesen“ oder „Phänomen“ der Erziehung nachdenkt, womöglich besser bedient ist, von der *Kultur* der Erziehung statt der Natur der Erziehung zu sprechen.

Der Anspruch einer universellen Begriffsbestimmung von Erziehung ist nur um den Preis der Abstraktheit bzw. Inhaltsleere aufrechtzuerhalten. Doch bis weit in das 20. Jahrhundert hinein gab es Bemühungen um eine allgemeine Bestimmung des *Wesens* der Erziehung. Zu den bedeutsameren Versuchen im deutschen Sprachraum ist sicher Wilhelm Flitners Vorschlag zu zählen. In seiner *Allgemeinen Pädagogik* (1997/erstmals 1950) unterscheidet er vier Betrachtungsweisen, die als ein „Gefüge“ eines „umfassenden Erziehungsbegriffes“ (ebd., S. 55) verstanden werden sollen. Neben der biologischen Betrachtungsweise (die „hilfsbedürftige Brut durch instinktmäßige Pflege und Hilfe der Alten [...] am Leben erhalten“; ebd., S. 30) und der geschichtlich-gesellschaftlichen Betrachtungsweise, wonach Erziehung der bewussten kulturellen Überlieferung und gesellschaftlichen Eingliederung zu dienen habe (im Sinne der oft zitierten Schleiermacherschen Frage, was denn die erwachsene Generation von der jüngeren eigentlich wolle), schlägt Flitner mit der dritten Betrachtungsweise vor, Erziehung auch als „geistige Erweckung“ zu verstehen. Das „erzieherische Verhältnis“ entstehe zwischen den Menschen „hinsichtlich ihrer Zuwendung zu einem Ideellen“ (ebd., S. 45). Die vierte Betrachtungsweise ist die „personale“, mit welcher die Existenz und das Selbstverhältnis des Einzelmenschen in den Mittelpunkt des Interesses gestellt werden. Wiewohl die einzelnen Perspektiven auch aus heutiger Sicht berechtigt und dem Gegenstand der Erziehung angemessen scheinen, sind solche jeweils als „Systematik“ vorgeschlagenen Gesamtgebilde von Erziehungsbegriffen aus wissenschaftstheoretischen und empirischen Gründen nicht mehr überzeugend.

Entscheidend ist, dass am Ende einer langen Geschichte der Kindheit und Erziehung die Personalität bzw. Personwerdung im Mittelpunkt steht. So schrieb der Systemtheoretiker Niklas Luhmann zur Funktion der Erziehung: „Menschen werden geboren. Personen entstehen durch Sozialisation und Erziehung. Wenn man diesen Unterschied vor Augen hat, liegt es nahe, die Funktion der Erziehung auf das Personwerden von Menschen zu beziehen. Besonders in komplexen Gesellschaften kann man dies nicht nur der Sozialisation überlassen" (Luhmann 2002, S. 38).

Moderne: Erziehung zur Autonomie

Das Ziel der Erziehung wird im modernen, kontinentaleuropäischen Verständnis vor allem mit Jean-Jacques Rousseau (*Emile oder Über Erziehung* 1983, erstmals 1762) und Immanuel Kant (*Über Pädagogik* 1984, erstmals 1803) in der *Autonomie* und *Mündigkeit* des Einzelmenschen gesehen. Das ist eine nicht selbstverständliche Wendung des Autonomiebegriffs, der vormodern, insbesondere in der griechischen Antike, als eine Beschreibung für Gemeinwesen, sicher aber nicht für den Einzelmenschen, gebraucht worden ist (vgl. Meyer-Drawe 1990). Wie aber Autonomie durch Erziehung zu erreichen sei, da scheiden sich die Pädagogiken und die mit ihnen transportierten Bilder teilweise fundamental. Zu den klassischen Bildern bzw. Metaphern der Erziehung gehören Wachsenlassen, Führung, Erweckung, Regierung, Zucht, Anpassung, Lebenhelfen, Begleiten (vgl. Scheuerl 1959). Auch mit neueren erziehungstheoretischen Vorschlägen (Erziehung als Verhandlung [Bruner 1995] oder Erziehung als Zeigen [Prange 2005]) wird das Konzept der Erziehung begrifflich nicht verbindlich bestimmt werden können; sie sind als Transformationen der pädagogischen Metaphorik wahrzunehmen. Gemeinsam ist vielen Metaphern der Erziehung – eben weil Erziehung im engeren Sinne als intentional verstanden wird – eine direkte oder aber indirekte (vgl. Rousseaus „éducation négative") technologische Vorstellung, wie sie freilich in behavioristischen Konzepten pointiert vertreten ist (auch in der populären Pädagogik-Kultur: vgl. „Triple P" oder „Super Nanny", vgl. weiter unten). Der Grad der vorgestellten Technologiesierbarkeit von Erziehung unterscheidet die Erziehungstheorien bzw. Pädagogiken (vgl. Luhmann & Schorr 1982). Hügli (1999) hat zwischen „Autonomiepädagogiken" und „Kontrollpädagogiken" unterschieden. Auf der einen Seite zielen erzieherische Strategien von Kontrollpädagogiken auf Verhaltensveränderungen, deren Wirksamkeit nicht vom Wollen und der Einsicht des Kindes abhängig gemacht wird bzw. werden kann (und insofern kann eingeräumt werden, dass wohl keine Erziehung des Einzelmenschen ganz ohne solche

Verhaltensveränderungsstrategien auskommt, welche einen technologischen Charakter aufweisen). Autonomiepädagogiken auf der anderen Seite sind Ausdruck einer modernen Perspektive auf die Legitimität und soziale Erwünschtheit erzieherischer Mittel und Ziele, insbesondere des Zieles der „moralischen Autonomie". Die Erziehungsmittel haben sich aus dieser Perspektive am Ziel der Autonomie zu orientieren, allerdings werden Kinder und Jugendliche auch hier als *Personen* angesprochen, die erst noch (moralisch) autonom werden sollen (dazu aber auch fähig sind). In der Ausbildung der Fähigkeit, Wünsche zweiter Ordnung zu generieren (vgl. Frankfurt 1971), d.h. der Fähigkeit, die Wünschenswertigkeit der eigenen Wünsche zu befragen, kann ein Kriterium der Zielerreichung von Autonomiepädagogiken gesehen werden. Das richtige bzw. sozial erwünschte Verhalten ist hier nur nachgeschaltet. Diese Fähigkeit steht nicht gegen das Ziel von Kontrollpädagogiken. Aber erzieherische Verhaltensmodifikationen, die ohne das Ziel der Autonomie realisiert werden sollen, sind aus der Perspektive von Autonomiepädagogiken nicht legitim, auch wenn damit die Internalisierung der moralischen Regeln und Prinzipien erreicht (oder effizienter und effektiver erreicht) würde. Beiden Gruppen von Erziehungsvorstellungen geht es letztlich um erwünschtes Verhalten, während in der Frage der Möglichkeit und Notwendigkeit der Einsicht in die Gründe für das richtige Verhalten Differenzen bestehen. Erzieherische Verhaltensmodifikationsstrategien sind aber vor allem bei kleinen Kindern wirksam und verlieren spätestens dann an Bedeutung, wenn das Kind in die Pubertät kommt bzw. wenn es (oft in dieser Lebensphase) das Kriterium des Berechtigtseins der Gründe von Handlungsanweisungen (freilich implizit) erkennt. Wenn Erziehung ohne Gewöhnung, ohne Sanktionen und ohne positive Verstärkung auch unwahrscheinlich ist, so zeigt sich die zentrale erzieherische Strategie von Autonomiepädagogiken doch im Auffordern – insbesondere im *Auffordern zur Selbsttätigkeit* (vgl. Benner 1994). Ob aber der Aufforderung in der konkreten Situation auch tatsächlich Folge geleistet wird, hängt u.a. von der Anerkennung der Autorität der Erziehungsperson durch das Kind oder den Jugendlichen ab.

Erziehung als Verhaltenstechnologie

Der Wunsch nach effizienter Erziehung ist verbreitet und verständlich. Die erfolgreiche Fernsehserie *Super Nanny* ist Ausdruck einer zugespitzten

Form einer verhaltenstherapeutisch gefassten und wirksamen Erziehungstechnologie, die auch etwa durch die Elternschulungen des sogenannten *Positive Parenting Program* (Sanders 1999), kurz *Triple P* genannt, sehr bekannt und im psychopädagogischen Markt schon ein gehütetes und durch Lizenzen geschütztes Verkaufsprodukt geworden ist. Im Triple-P-Ansatz wird davon ausgegangen, dass sich Eltern problematisches Erziehungsverhalten angewöhnt haben, welches kaum die erwünschten Wirkungen zeigt, für das Kind und die Eltern selbst belastend und deshalb zu korrigieren ist. Außer Frage steht, dass Triple P *wirksam* ist, d.h. Eltern können durch verändertes Erziehungsverhalten das Verhalten der Kinder – zumindest der jüngeren Kinder – in die gewünschte Richtung beeinflussen: Das ist auch kaum erstaunlich, sondern seit jeher bekannt, erstaunlich ist vielmehr, dass eine hochentwickelte Kultur in Erziehungsfragen und -kompetenzen offenbar derart verunsichert ist, dass Triple P überhaupt erfolgreich werden konnte. Das Programm basiert auf den Prinzipien

(a) Gestaltung einer sicheren und interessanten Umgebung,
(b) das Kind zum Lernen anregen,
(c) konsequentes Verhalten,
(d) angemessene Erwartungen an das Kind haben und
(e) die eigenen Bedürfnisse nicht vernachlässigen.

Gegen diese Prinzipien kann auch kein vernünftiger Mensch etwas einzuwenden haben. Die Kritik an Triple P bezieht sich denn vielmehr auf die konkrete Anwendung, insbesondere die insgesamt doch rigide erscheinenden Handlungsanweisungen (für die Eltern und der „geschulten" Eltern an die Kinder).

Es gehört zum Wesen einer effizienten und effektiven Verhaltensmodifikation, dass sie konsequent sein muss. Dieser Aspekt scheint unproblematisch zu sein. Die Frage, die sich vielmehr stellt, ist, ob Erziehung mehr ist als Verhaltensmodifikation. Aus der o.g. pädagogischen Tradition ist die Frage leicht zu beantworten: Erziehung ist wesentlich mehr – der technologische Aspekt der Verhaltensmodifikation entspricht bloß der fundamentalen, wenn auch leicht vernachlässigten, da verunglimpften Aufgabe der sogenannten Disziplinierung, ohne welche eine gehaltvolle Erziehung (aber auch etwa Unterricht) gar nicht stattfinden kann: Herstellung einer gewissen Ordnung, welche für das Kind Vorhersagbarkeit und Sicherheit ermöglicht, d.h. eine Sicherung der Verhaltensvoraussetzungen der Interaktionen zwischen Eltern und Kind bzw. Lehrperson und Schülerinnen bzw.

Schülern u.a. Doch eine Verkürzung der Erziehung auf Verhaltensmodifikation ist pädagogisch nicht erwünscht und ethisch fragwürdig. Modernetaugliche Erziehungspraktiken leiden eben nicht primär unter einem „Technologiedefizit“, sondern unterliegen vielmehr in wesentlichen Teilen einem „Technologieverbot“ (vgl. Benner 1979): Eine Erziehung, die das Kind zu hundert Prozent so formen könnte, wie es den Erziehern gerade passt, wäre auch unter der Voraussetzung, dass so die nobelsten moralischen Ziele erreicht würden, unmenschlich.

Unter dem Stichwort „Erziehungsstil“ sind seit Ende der 30er-Jahre des 20. Jahrhunderts Versuche unternommen worden, die Wirkungen von Erziehung empirisch zu erfassen. Kategoriale Unterscheidungen zum Erziehungsverhalten sind Typologien gewichen und haben schließlich in ein dimensionales Verständnis von Erziehungsstilen gemündet (vgl. Hurrelmann 2002). Damit lassen sich die mittlerweile bekannten Erziehungsstile – autoritärer, überbehüteter, vernachlässigender und permissiver Erziehungsstil – dimensional aufeinander beziehen und die sehr breit vertretene Ansicht plausibilisieren, wonach ein autoritativ-partizipativer Erziehungsstil den Königsweg der Erziehung darstelle (vgl. ebd., S. 161). Doch auch so leidet die Forschung zu den Erziehungsstilen und ihren Korrelaten an Verallgemeinerungen, die schließlich nur wenig praktisch relevantes Wissen für das erzieherische Handeln ermöglichen. Die Frage ist nämlich weniger, welcher Erziehungsstil allen anderen Erziehungsstilen in allen Situationen überlegen ist, als vielmehr, in welchen Situationen welcher Erziehungsstil bzw. welche erzieherische Strategie allen anderen überlegen ist. Die Fähigkeit und Sensibilität, dies zu beurteilen, was also im Umgang mit dem jungen – individuellen – Menschen in einer konkreten – individuellen – Situation am besten zu tun sei, wurde von Johann Friedrich Herbart „pädagogischer Takt“ (1986/erstmals 1802) genannt. Die allgemein einsichtige Notwendigkeit eines pädagogischen Urteilsvermögens und der situationsangemessenen Erziehung ist ein Indiz dafür, dass Erziehung nur begrenzt eine Technologie darstellt und die „Kunst“ der Erziehung bis heute im pädagogischen Takt besteht.

Erziehung und der Diskurs über Kindheit und Jugend im Wandel

Während sich die zeitgenössische populäre Medienkultur stark für kindliches bzw. elterliches Problemverhalten und seine konkreten Korrekturmöglichkeiten interessiert, stehen im Fokus des (erziehungs-)wissenschaftlichen Diskurses über Erziehung allerdings auch kaum Fragen über Ziele wie Autonomie und die Möglichkeiten, wie die Entwicklung zu derselben pädagogisch zu stimulieren sei bzw. worin sie – etwa kompetenztheoretisch – eigentlich bestehe. Vielmehr ist der Diskurs seit gut zwei Jahrzehnten, wie oben mit Verweis auf die pädagogische Sozialisationsforschung deutlich gemacht, von Konzepten der „veränderten Kindheit", des „Wandels der Jugend" bzw. des Aufwachsens geprägt, während die damit zusammenhängenden Fragen der Erziehung nur noch mittelbar zu interessieren scheinen. Die verallgemeinernden Vorstellungen über Kindheit und Jugendzeit sind freilich zeitabhängig, medieninduziert und mit den jeweiligen gesellschaftlichen Selbstbildern (Scholz 2001, S. 20f.) eng verbunden. Einerseits ist es sicher berechtigt, nicht nur von „Erziehung", sondern auch von „Kindheit" und „Jugend" als von „Konstrukten" zu sprechen. Andererseits ist Pranges frische Bemerkung – unter personaler und pädagogischer Perspektive – ernst zu nehmen: „Konstrukte weinen nicht und machen auch nicht in die Windeln" (Prange 1999, S. 236). Das konkrete Kind oder die konkrete Jugendliche einerseits und die Konstrukte Kindheit und Jugend andererseits gehören zwei unterschiedlichen Reichen an: Der allgemeine Sozialisationsdiskurs und die konkrete Lebens- und Erziehungspraxis mögen miteinander mitunter nur wenig zu tun haben. So mögen im gleichen Kulturkreis gleichzeitig das „happy child" als höchstes Erziehungsziel postuliert, über die Wiedereinführung der Prügelstrafe an öffentlichen Schulen diskutiert und höchst vielfältige und heterogene Erziehungspraktiken beobachtet werden, die sich nicht einem oder ein paar wenigen Labels zuordnen lassen. „Kindheit" als „soziales Konstrukt der Gesellschaft" oder als „mentales Konstrukt Erwachsener" (Neumann-Braun 2001, S. 92) zu begreifen, hat den Preis, sich vor allem dem – leichter wahrnehmbaren – pädagogischen Diskurs zu widmen und die – größtenteils nicht wahrgenommene oder wahrnehmbare – Erziehungswirklichkeit ignorieren zu müssen. So werden unter dem Stichwort „Veränderte Kindheit" oder auch „Jugend im Wandel" vor allem Bilder produziert, mit welchen Kinder und Jugendliche vor allem als Opfer veränderter gesellschaftlicher Verhältnisse gesehen werden (Scholz 2001, S. 20). Beachtliche sozialwissenschaftliche Untersuchungen und Erörterungen fokussieren „soziale Lagen von Kindern und historische Transformationen von Kindheit", auch im Hinblick darauf, günstige von ungünstigen Entwicklungsbedingungen im Übergang zwischen Kindheit und

Jugend zu unterscheiden; Sozialisationsforschung versteht sich so „als Untersuchung der kulturellen Kommunikation zwischen den Generationen" (Zinnecker & Silbereisen 1996, S. 12). Diese berechtigten und wichtigen Forschungsanliegen führen zu Beschreibungen der Veränderungen des Umfeldes von Entwicklung und Erziehung – etwa veränderte Erziehungsvorstellungen, Veränderungen in der räumlichen und zeitlichen Strukturierung der Lebensbereiche –, die primär problematisiert werden und mitunter zu bestimmten Diskursdramaturgien führen, über die sich naturgemäß streiten ließe.

Um einige Beispiele zu nennen: Man mag

(a) den zunehmend gefüllten Terminkalender bzw. die verplante Zeit (vieler Kinder) monieren,
(b) die in diesem Zusammenhang immer weniger selbst gestaltete Freizeit,
(c) die wegen Mobilitätszwängen zunehmend vorwiegend von den Erwachsenen gebildete und kontrollierte Gleichaltrigengruppe (bei den kleinen Kindern),
(d) die Häufung des Medienkonsums,
(e) die Wohn- und Nachbarschaftsverhältnisse, die nicht mehr zur Verfügung stehende Straße als Territorium für Spiel und unstrukturierten Zeitvertreib,
(f) das Leben in der sogenannten „Wegwerf-Gesellschaft", den schnellen Wandel der Spielzeuge, den Konsumdruck, der damit verbunden ist,
(g) überhaupt die Statusgesellschaft,
(h) den vermeintlich erhöhten Leistungsdruck und das zunehmende Konkurrenz-Verhalten,
(i) den Bewegungsmangel u. v. a. m.

Und freilich lassen sich zu praktisch allen Bereichen mehr oder weniger überzeugende empirische Belege heranziehen, und die regelmäßig festgestellten „kindlichen Verhaltensauffälligkeiten" können dann als Reaktionen auf eine „krankmachende" Umwelt begriffen werden. Erziehung wird so primär noch als Versuch verstanden, diese Einflüsse, welche die Entwicklung der Kinder und Jugendlichen prägen und möglicherweise gefährden, möglichst klein zu halten bzw. zu kontrollieren (wenn dies möglich wäre).

Man kann es wenden, wie man will. Die Probleme konkreter Erziehungspraxis lassen sich meist nicht technologisch lösen und der Nutzen von Erziehungsratgebern ist deshalb in vielen Situationen nicht nur gering, sondern gar nicht vorhanden. Das hat auch damit zu tun, dass Eltern in der Erziehung, wie Hannah Arendt einmal meinte, Verantwortung für beides übernehmen müssen bzw. zu übernehmen hätten: Verantwortung einerseits für das Leben und Werden des Kindes, andererseits ebenso für den Fortbestand der Welt. Diese beiden Verantwortungen würden keineswegs immer zusammenfallen, „sie können sogar in einen gewissen Widerspruch miteinander geraten“ (Arendt 1994/ erstmals 1958, S. 266 f.). Eltern bzw. die an der Erziehung von Kindern und Jugendlichen beteiligten Personen übernehmen ein doppeltes und manchmal widersprüchliches Mandat. Vom Kind aus betrachtet, sind sie Anwältinnen und Anwälte der Welt, von „der Welt aus“ betrachtet, Anwältinnen bzw. Anwälte des Kindes.

Der Erziehungsauftrag der Schule kann und soll auf der einen Seite nicht konkret formuliert werden, dies widerspräche sämtlichen hier geäußerten Ein- und Ansichten zu Erziehung und ebenso dem Ethos moderner Gesellschaften. Auf der anderen Seite ist die erzieherische Komponente der Schule, wenn sie als Ort der Vermittlung, Einübung und Vertiefung auch von Zivilität, Anstand und Gemeinsinn in dem oben erwähnten und kritischen Sinne verstanden wird, im Grunde evident. Es gehört zur „Professionalität“ und daher auch zur Autonomie des Lehrberufs, die jeweils situationell und individuell klugen und pädagogisch versprechenden Handlungsentscheidungen zu treffen, die mehr oder weniger erfahrungsgetränkt sein mögen und häufig viel mit der beruflichen und pädagogischen Biographie der Lehrperson zu tun haben. Daneben erzieht das Gemeinschafts- und Schulleben tatsächlich selber auch und hilft sogar entscheidend mit, dass sich bedeutsame soziale Fähigkeiten und Bereitschaften der Einzelnen und des Kollektivs entwickeln können. Dies heißt keineswegs, die Entwicklung entsprechender Dispositionen einfach der Selbstregulation zu überlassen, sondern es heißt vielmehr, nebst den starken Sozialisationseinflüssen, deren Gestaltung und Korrektur nicht in der Macht von Schule und Lehrpersonen stehen, intentionale und funktionale Aspekte von Erziehung (schul-) pädagogisch zu befragen und zu deuten und Handlungsmöglichkeiten und -grenzen zu erkennen. Pädagogisch gänzlich uninteressierte Lehrpersonen aber sollten eher überlegen, den Ort ihres Wirkens und Nichtwirkens zu verändern.

4. Zur demokratischen Dimension der Schule

These: Die Schule hat einen bedeutsamen Stellenwert für demokratische Gesellschaften, sie ist demokratischer Erziehung und Bildung dienlich. Doch die Schule selbst ist weder Polis noch *embryonale Gesellschaft* („Gesellschaft im Kleinen"). Eine Polis gibt es nur unter „Gleichfreien", und die Gesellschaft „im Großen" spiegelt sich in der Schule keineswegs – bzw. nur sehr beschränkt – im Kleinen wider.

Ist Partizipation gut? [16]

Partizipation hat in den bedeutsamen Paradigmen moderner Demokratietheorie einen unterschiedlichen Stellenwert. Gezwungen, diese Paradigmen auf je einen zentralen Mechanismus zu reduzieren, kann man mit Schaal und Heidenreich formulieren, dass

(a) liberalistische Positionen vor allem auf den Nutzen von politischen und rechtlichen *Institutionen* verweisen,

(b) republikanische Positionen auf die Notwendigkeit der (mehr oder weniger ausgeprägten) *Tugendhaftigkeit* der Bürgerinnen und Bürger, die sich als Gemeinschaft verstehen und des Mitgefühls fähig sind, und

(c) deliberative Positionen schließlich auf *Prozeduren*, die letztlich im Dienste eines argumentativen Konsenses stehen (Schaal & Heidenreich 2006, S. 192).

Dies sind freilich Akzentuierungen: Institutionen, Tugenden und diskursive Verfahren schließen einander ja nicht aus, vielmehr scheinen sie sich nicht nur zu stützen, sondern sogar aufeinander angewiesen zu sein. Reiner Prozeduralismus mündet in die Tyrannei der Mehrheit, mag er zunächst noch basisdemokratisch anmuten und gutgeheißen werden; eine Basisdemokratie, die keine Prinzipien kennt, mit welchen die verbreiteten Übel

[16] Vgl. zu diesem und den folgenden Abschnitten Reichenbach (2001, 2006b, 2007a, 2007c, 2010).

des Populismus, des Chauvinismus, des (verdeckten) Autoritarismus und des vielfältigen Machtmissbrauchs nicht wirkungsvoll eingedämmt werden können, verdient ihren Namen nicht. Doch der ausschließliche Bezug auf die negativen Freiheiten, der reine Legalismus und Konstitutionalismus ist problematisch, wenn auch vielleicht weniger den eben genannten Gefahren ausgesetzt, aber doch auf schon fast eine prinzipielle Weise ignorant oder blind gegenüber den Versuchen, die Nöte und Sorgen der zahlreichen Minderheiten zu mindern und deren Erfahrungen von zwar legaler, aber ungerechter Behandlung so ernst zu nehmen, dass der Kritik des Status quo auch der politische Versuch der Verbesserung der Zustände folgt. Im Unterschied zu liberalen Perspektiven heben vor allem republikanische und deliberative Positionen die Bedeutung *demokratischer Partizipationsformen* und – zumindest implizit – der positiven Freiheitspraxis hervor (vgl. auch Gerhart 2006). Unter politischer Partizipation kann die Teilnahme, Herstellung und Aufrechterhaltung einer *öffentlichen* Sphäre verstanden werden. Ihr Komplement oder Gegensatz ist der Rückzug in die Sphäre des Privaten oder Intimen.

Wenn nun aber Partizipation und Öffentlichkeit in ein Verhältnis gesetzt werden sollen, so stellt sich die Frage, was unter Öffentlichkeit verstanden werden kann bzw. soll und – dies ist pädagogisch bedeutsam – inwiefern als wünschenswert gilt, dass Kinder und Jugendliche in und an der Öffentlichkeit partizipieren sollen. Der Kopf will nicken: Öffentlichkeit hat einen guten Namen, Partizipation sowieso. Vergessen wird dabei meist, dass die Öffentlichkeit, vor allem die politische Öffentlichkeit, *nicht* Teil der *pädagogischen Provinz* ist. Hannah Arendt gehört zu den Theoretikerinnen des Politischen, die sich erstens überhaupt auch dem Thema der Erziehung gewidmet und zweitens vehement *gegen* die Idee einer *Erziehung zur Demokratie* geäußert haben! In einem Vortrag, den Arendt unter dem Titel *Die Krise der Erziehung* im Jahre 1958 im Bremen gehalten hat (vgl. 1994, S. 255–276), argumentiert sie recht leidenschaftlich, dass es eine „progressive Erziehung“ gar nicht geben könne, vielmehr sei Erziehung eine genuin *konservative* Tätigkeit in dem Sinne, als „dass sie der Natur der Sache nach weder auf Autorität noch auf Tradition verzichten kann, obwohl sie“ – und das sei zugleich ihr modernes Problem – „in einer Welt vonstatten geht, die weder durch Autorität strukturiert noch durch Tradition gehalten ist“ (ebd., S. 275). Dennoch bleibe Erziehung eine der „elementarsten und notwendigsten Tätigkeiten der Menschen-Gesellschaft“, die ihrerseits niemals bleibt, wie sie ist, „sondern sich durch Geburt, durch das Hinzukommen neuer Menschen, ständig erneuert“ (ebd., S. 266).

In der Erziehung übernehmen die Eltern, so Arendt, „die Verantwortung für beides, für Leben und Werden des Kindes wie für den Fortbestand der Welt. Diese beiden Verantwortungen fallen keineswegs zusammen, sie können sogar in einen gewissen Widerspruch miteinander geraten“ (ebd., S. 266 f.). Das Kind müsse also vor der Welt geschützt werden, aber die Welt letztlich auch vor dem Kind (ebd., S. 267). Unter anderem müsse das Kind vor der Öffentlichkeit – als dem hellsten und einem schonungslosen Ort der Welt – geschützt werden. „Alles Lebendige, nicht nur das Vegetative“, schreibt sie, „kommt aus einem Dunkel, und wie sehr es in seiner Natur liegen mag, in ein Helles zu streben, so braucht es doch die Geborgenheit eines Dunkleren, um überhaupt wachsen zu können“ (ebd.). Damit wird deutlich, dass Arendt Öffentlichkeit als ein *untaugliches* Prinzip der Erziehung und Entwicklung betrachtet hat. Kinder seien nicht „weltlich“, und dort, „wo man versucht, aus den Kindern selbst eine Art Welt zu errichten“, gäbe es bloß die „Zerstörung des eigentlichen Lebensraumes“ (ebd.). Zwar bilde sich zwischen diesen Kindern „auch eine Art Öffentlichkeit“, doch „ganz abgesehen davon, dass dies eine Scheinöffentlichkeit und das ganze Unternehmen eigentlich eine Art Betrug“ sei, liege „das Schädliche bereits darin, dass Kinder, also Menschen, die im Werden sind und noch nicht sind, gezwungen werden, sich dem Licht einer Öffentlichkeit überhaupt zu exponieren“ (ebd., S. 267 f.).

Schon Säuglinge nehmen am gemeinsamen Leben teil, kleine Kinder sowieso – das ist eine anthropologische Konstante, insofern ist Partizipation eine basale Kategorie. Kinder sind keine Erwachsene, ja die Kindlichkeit des Kindes, das Anderssein des Kindes wurde reformpädagogisch besonders und sicher nicht ohne Grund betont. Doch wie verhält sich diese allgemein anerkannte „Alteritätspädagogik“, wenn man sie so nennen darf, mit dem ebenso allgemein anerkannten (vereindeutigten) Partizipationsdiskurs („Partizipation ist gut“)? Für Arendt wäre die Antwort klar gewesen: überhaupt nicht. Sie orientierte sich an einem Begriff der politischen Öffentlichkeit der attischen Demokratie. Danach hieß politisch zu sein, die relevanten Angelegenheiten mittels überzeugenden (oder auch überredenden) Worten zu regeln – und nicht durch Zwang und Gewalt (Arendt 1996, S. 36 f.); „zu befehlen statt zu überzeugen, galt den Griechen als eine gleichsam präpolitische Art des Menschenumgangs“ (ebd., S. 37). „Auf keinen Fall“, so Arendt an gleicher Stelle, „konnte man daher unter Politik etwas verstehen, was für das Wohlergehen der Gesellschaft notwendig war“ (ebd., S. 41). Eine solche Sicht ist aus heutiger Perspektive in der Tat kaum nachvollziehbar, weil die Freiheit in den „nachgriechischen“ politischen Diskursen in der Gesellschaft lokalisiert wird und Zwang und Gewalt im Politischen, d.h. im Monopol des Staates. Die Freiheit der Polis-Bürger bedeutet aber: weder Herrschen noch Beherrschtwerden (ebd., S. 42). In der Öffentlichkeit der Polis gibt es nur Gleiche, die sich den *Luxus des Nicht-Notwendigen* leisten können, aber auch das *Ethos des Nicht-Befehlens* pflegen. Dieses Auftreten und diese Rede ist aber nicht als bloßes Diskutieren oder Gerede unter südlicher Sonne zu verstehen, wie könnte man sonst nachvollziehen, dass gerade *Mut* als eine der Kardinaltugenden des Politischen galt: „Wer immer sich in den politischen Raum wagte, musste vorerst bereit sein, das eigene Leben zu wagen, und eine allzu große Liebe für das Leben konnte der Freiheit nur im Wege sein, sie galt als sicheres Anzeichen einer sklavischen Seele“ (ebd., S. 46). Andere zu übertreffen und sich vor ihnen auszuzeichnen, haben ihren Ort immer in der Öffentlichkeit gehabt – darauf rekurriert der Begriff der *Vortrefflichkeit*[17] (ebd., S. 61) –, aber damit auch ihr Gegenteil, nämlich Entehrung, Bloßstellung und Lächerlichkeit, sind Phänomene und Praktiken im Raum des Öffentlichen.

Der Begriff „öffentlich“ lässt sich also mindestens in zweierlei Hinsicht beschreiben. Erstens, dass etwas vor anderen Menschen als einer Allgemeinheit sichtbar und hörbar gemacht wird (ebd., S. 62), und zweitens als das *weltlich* Gemeinsame (ebd., S. 65 ff.); diese Bedeutungen hängen zusammen, sind aber nicht identisch. Die erste Bedeutung rekurriert auf den Umstand, dass Öffentlichkeit Wirklichkeit konstituiert: dass „etwas erscheint und von anderen genau wie von uns selbst als solches wahrgenommen werden kann, bedeutet innerhalb der Menschenwelt, dass ihm Wirklichkeit zukommt“ (ebd., S. 62). Gehörtwerden und Gesehenwerden konstituiert Realität, während jedes Innenleben immer ein „ungewisses, schattenhaftes Dasein“ führen muss, es sei denn, es werde „entprivatisiert“, „entindividualisiert“, um in einer geeigneten Form öffentlich zu erscheinen (ebd.,

[17] Vgl. griechisch: „arete“; römisch: „virtus“. „Das griechische Wort arete“, so Meyer, „mit dem Aristoteles Geist und Form des Lebens der Polis bezeichnet, wird von Kennern als ‚Tüchtigkeit‘ übersetzt. Damit wird deutlicher, dass die politische Tugend weniger ein bestimmtes Wollen als vielmehr ein ‚lebenspraktisches Können‘ ist“ (Meyer 1994, S. 61).

S. 63). „Die Gegenwart anderer, die sehen, was wir sehen, und hören, was wir hören, versichert uns der Realität der Welt und unserer selbst“ (ebd.). Entscheidend ist die Einsicht, dass das Private sozusagen „weltlos“ ist und dass familiäre Gemeinschaften bzw. Gemeinschaften, die sich als Familie verstehen, einen *unpolitischen* und *unweltlichen Charakter* haben (ebd., S. 67). Der Versuch, subjektive Erfahrungen (des Privaten) zum Prinzip des Öffentlichen zu machen, muss aus diesem Grunde scheitern.

Natürlich weiß Arendt, dass der neuzeitliche Individualismus für die Privatsphäre eine enorme Bereicherung bedeutet hat (vgl. Taylor 1996). Die Privatsphäre steht heute gewissermaßen für die Gewährleistung von Intimität, welche mit Rousseau – entgegen dem antiken Denken und Empfinden – nicht mehr als Gegensatz zum Politischen, sondern als Gegensatz zum Gesellschaftlichen verstanden worden ist (Arendt 1996, S. 49 f.). Der griechische Gegensatz von Haushalt und Polis fällt also nicht mit dem neuzeitlichen Gegensatz zwischen dem Intimen und dem Gesellschaftlichen zusammen. Während die Polis den Ort des *Handelns* darstellt, ist das Gesellschaftliche der Ort des bloßen *Sich-Verhaltens*. Nivellierende Züge bzw. Konformismus sind die Grundzüge des Gesellschaftlichen. Jede Gesellschaft verlangt von denen, die ihr zugehören, „dass sie sich wie Glieder einer großen Familie verhalten“ (ebd., S. 50). Das Gesellschaftliche hat den Bereich des Öffentlichen „erobert“, und der Sieg der Gleichheit in modernen Massengesellschaften ist bloß die politische und juristische Anerkennung dieser Tatsache (S. 52). In der Massengesellschaft erreicht das Gleichmachen quasi seinen Höhepunkt, weil es keine außerhalb der Gesellschaft stehenden Gruppen mehr gibt. Eine solche Gesellschaft gleicht einer „Großfamilie“ (was natürlich keineswegs impliziert, dass sie gerecht ist), und die Ökonomie, die – wie der Name sagt – in der antiken Polis Sache des privaten Haushaltens gewesen ist, wird nun eine Sache der Öffentlichkeit (ebd., S. 57). Am Begriff der „Nationalökonomie“ wird ersichtlich, wie der Staat nun wie eine Großfamilie und ihre vielen Mitglieder primär als sich verhaltende Lebewesen betrachtet werden, die man (wissenschaftlich) studieren und über die man Statistiken erstellen kann, aber nicht mehr als autonome Akteure.

Der öffentliche Raum der Polis war – nach Arendt, der hier immer noch gefolgt werden soll – zwar Raum der Gleichfreien, aber nicht des Gleichmachens, im Gegenteil, denn es war „der Ort des heftigsten und unerbittlichsten Wettstreits, in dem ein jeder sich dauernd vor allen anderen auszeichnen musste, durch Hervorragendes in Tat, Wort und Leistung zu beweisen hatte, dass er als ein ‚Bester' lebte" (ebd., S. 53). Mit dem Konformismus und der Durchschnittlichkeit der Gesellschaft, gegen die Rousseau und nach ihm die Romantiker im Namen der Intimität und Authentizität rebellierten (vgl. Taylor 1995), hat dies natürlich nichts zu tun. Die Polis war den Griechen (wie die „res publica" den Römern) die einzige Möglichkeit, gegen die „Vergeblichkeit und Vergänglichkeit des Lebens der Einzelnen" anzukämpfen (Arendt 1996, S. 70) – die Polis war der Raum, der dem relativ Dauerhaften bestimmt war und dem sterblichen Menschen (eine Art) Unsterblichkeit gewährleistete (insofern er nämlich durch sein öffentliches Reden und Handeln in den Geschichten, welche die anderen nach seinem Tod von ihm erzählen, „verewigt" wird). In unserer Welt, so Arendt, ist die öffentliche Anerkennung jedoch flüchtig (ebd., S. 71) und natürlich wird sie kaum im Dienste der Unsterblichkeit desjenigen oder derjenigen gesehen, der oder die sie verdient.

Das Gesellschaftliche schließt den Menschen in seine Privatsphäre ein, weil es ihn nicht primär als freien Akteur haben will, sondern als ein sich *verhaltendes* Mitglied, aber es garantiert ihm andererseits eine Intimität, von der es nichts wissen will, die unantastbar ist, und die ihm deshalb auch ein Gefühl von Tiefe vermitteln kann. Allerdings bedroht das Absterben des Öffentlichen in den Massengesellschaften am Ende auch die Privatsphäre (Arendt 1996, S. 72–76; Sennett 1986), wenn nämlich die Privatisierung so radikal wird, dass „keiner mehr sehen und hören oder gesehen und gehört werden kann", und ein jeder – wie im Falle von Massenhysterie oder eines totalitären Regimes – in seine Subjektivität „eingesperrt" ist, dass gleichsam jede gemeinsame Welt verschwindet (ebd., S. 73). Dies macht deutlich, dass Öffentlichkeit nicht *gegen* das Private gedacht werden kann und soll, vielmehr handelt es sich um aufeinander *angewiesene* Komplemente. Arendt weist darauf hin, wie eigentümlich ein nahezu ausschließlich in der Öffentlichkeit verbrachtes Leben verflacht, weil es in der Welt des Sichtbaren unweigerlich die Fähigkeit zu verlieren beginnt, vom Dunklen des Privaten in die Helle der Welt zu steigen, es „büßt die Dunkelheit und Verborgenheit ein, die dem Leben in einem sehr realen, nicht-subjektiven Sinn seine jeweils verschiedene Tiefe geben" (ebd., S. 87). Es gibt demzufolge Dinge, die ein Recht auf Verborgenheit haben, und Dinge, die nur gedeihen, wenn sie öffentlich zur Schau gestellt werden (ebd., S. 90).

Was nun aber Kinder angeht, junge Menschen und alle anderen Menschen, die, aus welchen Gründen auch immer, nur begrenzt Verantwortung übernehmen können, so verdienen sie einen *Schutz* vor einer so verstandenen Öffentlichkeit, die im Grunde nichts als Dauerstress verursacht und ein Risiko darstellt. Die pädagogisch mehr oder weniger präparierte, arrangierte und/oder behütete Öffentlichkeit ist ihrem Wesen nach aber etwas ganz anderes, vor allem ist sie dem Politischen nicht nahe, sondern gerade eigentümlich fern. Politisch verstandene Demokratie ist die Lebensform des *Konfliktes* und der *Dissensrechte* (vgl. Reichenbach 2001, 2010). Einheitliche Integrationsmodelle mögen Gemeinschaft angemessen repräsentieren, aber nicht demokratische Gesellschaften. Eine „demokratische Gemeinschaft" – wenn eine solche Begrifflichkeit nach dem bisher Gesagten überhaupt noch Sinn machen könnte – ist eine Art „Kampfgemeinschaft", die angemessen als Dialektik von Gemeinsamkeit und Widerstreit verstanden werden kann. Wenn im Rahmen der politischen Bildung von Partizipation die Rede ist, dann sollte man m.E. einen starken Begriff von Politik benutzen, um die Grenzen der Partizipation be- und ausleuchten zu können. Pädagogisch geht es ja sowieso nicht ohne Partizipation, Pädagogik ist Partizipation, u.a. als Teilhabe an der Kultur und Teilnahme an kollektiven Lehr-Lern-Inszenierungen. Die Entgrenzung des Politikverständnisses mittels eines inflationären Partizipationsbegriffes ist analytisch wertlos, mag wohl als Slogan seine – durchaus auch positiven – praktischen Wirkungen zeigen, ist aber m.E. letztlich auch in praktischer Hinsicht abzulehnen.

Der aktive Bürger und insgesamt gute Mensch

Dem großen Reich der pädagogischen Wunschvorstellungen gehört die Idee von Jugendlichen an, die sich („von sich aus" und „verantwortungsbewusst") für offizielle Politik interessieren und motiviert sind, sich auch politisch zu engagieren. Das meist politikferne Leben der Jugendlichen[18], aber auch der Erwachsenen, gilt solcher Perspektive als Indiz für die beklagenswerte Situation der politischen Bildung. Doch dass die Realität im Lichte pathetischer Ideale meist schlecht aussieht, spricht nicht immer für die Ideale. Neben diesem moralisierenden Teilbereich der Praxis politischer Bildung gibt es eine beachtenswerte Tradition der Didaktik der politischen

[18] Vgl. z.B. die 14. Jugendstudie der Deutschen Shell (2002).

Bildung zu vermerken, die sich differenziert dem konkreten Rüstzeug politischer Informiertheit und Informierung widmet und zu widmen vermag.

Im Gutachten zum Programm „Demokratie lernen und leben“ (Bund-Länder-Kommission für Bildungsplanung und Forschungsförderung) nannten die beiden Autoren Wolfgang Edelstein und Peter Fauser (2001) mit gutem Grund zwei Bildungsziele der Schule hinsichtlich Demokratie: „kritische Loyalität“ und „demokratische Handlungskompetenz“. Auf der *Ebene der Formulierung von Zielen der politischen Bildung* gibt es einen ausgefeilten Diskurs mit beachtlichen Differenziertheiten, wie nun diese oder jene Kompetenz zu verstehen sei, diese Kompetenz mit jener zusammenhänge oder auf weitere Kompetenzfelder verweise etc. (vgl. z.B. Himmelmann 2005). Schaut man sich dann aber an, was in renommierten Großuntersuchungen von diesem nuancierten Diskurs übrig bleibt, wie die noblen Kompetenzziele schließlich für Mess- und Evaluationszwecke operationalisiert werden, und kennt man die Ergebnisse und auch die Theorielosigkeit, unter welcher sie zustande gekommen sind, und weiß man u.a. deshalb um die letztlich eher geringe Brauchbarkeit und wenig zuverlässige Interpretierbarkeit der Resultate, so ist man geneigt zu sagen, dass in den letzten Jahren forschungsmäßig einerseits nicht gerade wenig Energie und Mittel in die empirische Erforschung der politischen Bildung gesteckt worden sind, dass aber der Erkenntnisertrag andererseits ziemlich bescheiden ausfällt. Dies könnte als Hinweis gedeutet werden, dass es sich lohnen könnte, wieder verstärkt den *Bildungsgedanken* in der politischen Bildung und den *Erziehungsgedanken* in der demokratischen Erziehung zu bemühen.

Die (relativen) Großprojekte zur politischen Bildung und demokratischen Erziehung haben natürlich ihre Bedeutung, das steht außer Frage, und manche von ihnen scheinen insbesondere methodisch auch ganz hervorragend zu sein. Erinnert sei nochmals (a) an das noch laufende BLK-Programm „*Demokratie lernen und leben*“, das vom *DIPF Deutschen Institut für Pädagogische Forschung* evaluiert wurde (Diedrich, Abs & Klieme 2004), aber auch an (b) die große internationale *IEA Civic Education* Studie (vgl. Torney-Purta, Lehmann, Oswald & Schulz 2001), (c) die Partizipationsstudie mit dem Namen „*mit*Wirkung“, die von der Bertelsmann-Stiftung finanziert wird (Fatke & Schneider 2005), (d) die *Sachsen-Anhalt-Studie* (Krüger, Reinhardt, Kötters-König, Pfaff, Schmidt, Krappidel & Tillmann 2002) und (e) freilich auch die *Jugendstudien der Deutschen*

Shell (2002) und andere mehr. Sie alle scheinen implizit oder auch ganz explizit dem Credo zu folgen: „Getting the students involved" – wohl weil Partizipation immer gut und der Glaube an die eigene Wirksamkeit auch immer gut ist. Dem ist aus psychologischer und gesundheitsförderlicher Sicht wahrscheinlich auch nichts entgegenzustellen. Doch die Frage muss erlaubt sein: Geht es in diesen Projekten und Evaluationen tatsächlich um *politische* Bildung? Und geht es um *demokratische* Erziehung?
Was erfährt man über Fragen wie (es folgt fast keine Karikatur …):

- Bist du aktiv? Lässt man dich mitentscheiden? Wie oft? Bei welchen Themen? Wie intensiv? (Gar nicht, ein wenig, mittel, manchmal, oft, immer.)
- Habt ihr Konflikte? Wie oft? Bei welchen Themen? Wie intensiv? (Gar nicht, ein wenig, mittelintensiv, ziemlich intensiv, sehr intensiv).
- Sind die Lehrer an euch interessiert? Wie intensiv? (Gar nicht, ein wenig, mittel, manchmal, oft, immer). Wenn ihr über Politik sprecht, glaubst du, dass das was bringt? (Gar nicht, kaum, weiß nicht, doch etwas, sehr viel sogar).
- Hört man dir zu, wenn du was sagst? (Überhaupt nicht, oft nicht, weiß nicht, manchmal, immer).
- Die Sitzordnung in der Schule? Von wem wird sie bestimmt?
  Habt ihr auch Klassenrat? Löst ihr dort die Probleme gemeinsam? Welche Probleme? (Und so weiter und so fort …)

Es gibt buchstäblich Tausende von Items dieser Art, die – mehr oder weniger raffiniert – über den Stand der politischen Bildung und demokratischen Erziehung Auskunft geben sollen. Immer ist klar: Politisches Interesse ist gut, politisches Desinteresse schlecht, Beteiligung ist gut, Abstinenz schlecht.

Dass der aktive Bürger insgesamt dem guten Menschen entspreche und dass der Citoyen dem Bourgeois zumindest moralisch überlegen oder vorzuziehen sei, ist als implizite Leitidee der politischen Bildung und demokratischen Erziehung *in modernen Massendemokratien* – pädagogisch – noch kaum wirklich hinterfragt worden, obwohl die theoretische und praktische Begrenztheit dieser Idee offensichtlich ist.

Demokratie bedeutet, dass der „demos" die Macht (über die Regierung bzw. die Regierenden) besitzt, und nicht, dass das Volk herrscht (vgl. Pabst 2003). Demokratisches Wissen hat somit immer auch mit Machtwissen zu tun. „Gute" Demokraten wären also auch welt-interessierte Kratologen (Machtexperten), und politisch Gebildete wüssten nicht nur, wie es um die

Macht des Volkes steht, sondern würden auch konkrete Machtpraktiken kennen und verstehen. Von solchem Wissen oder einem solchen Verständnis ist in den meisten Vorstellungen und Projekten zur politischen Bildung natürlich nichts zu merken: Demokratie und Politik sind hier vor allem die attraktiven Verpackungen für Vorstellungen einer jüdisch-christlichen Liebesmoral (vgl. Brunkhorst 2000). Wer aber demokratische und politische Bildung „letztlich" als *moralische* Bildung versteht, verstellt sich den Blick auf die ambivalenten Seiten von Demokratie und Politik und redet in gutgläubiger Manier von der Güte der Demokratie und des Politischen überhaupt, pädagogisch und erbaulich. Wie meinte der große Demokratietheoretiker Giovanni Sartori: „Unter den Bedingungen der Demokratie wird am wenigsten beachtet, daß falsche Vorstellungen von ihr eine Demokratie auf die falsche Bahn bringen" (1992, S. 11).

Gladiatoren, Zuschauer und Apathische[19]

Lester Milbrath (1977) unterschied – was die *politische* Partizipation von Bürgerinnen und Bürgern angeht – zwischen *Gladiatoren*, *Zuschauern* und *Apathischen*. Während die wenigen Gladiatoren – in der Regel Politikerinnen und Politiker, aktive Parteimitglieder oder sonst politisch engagierte Menschen – in der demokratischen Arena um Gestaltungsmacht, Veränderung und Ansehen kämpfen, werden sie von den zahlreichen Zuschauern auf der Tribüne – von interessierten und informierten Bürgerinnen und Bürgern also – in ihren Taten und Sprechhandlungen verfolgt und kritisch beurteilt. Außerhalb der Arena gehen die sogenannten Apathischen, die den politischen Wettkampf weder befolgen noch auch überhaupt den Zugang zu den Arenen der Politik suchen, ihren alltäglichen Tätigkeiten nach.

Im Diskurs um die politische Bildung gewinnt man den Eindruck, es sei das Ziel so mancher in der politischen Bildung Tätigen, möglichst vielen Schülerinnen und Schülern zu verhelfen, politische Gladiatoren zu werden oder zumindest das Rüstzeug dazu zu erwerben. Dass es aber das Ziel sein sollte, sie zunächst zu *informierten* und *interessierten Zuschauern* zu machen, die halbwegs verstehen, was in der Arena abläuft, und dazu Stellung

[19] Vgl. dazu Reichenbach (2007a).

nehmen könnten, mag man eher begreifen. Während also das erste Ziel – die (Aus-)Bildung zum Gladiator – ziemlich ambitiös erscheint, mag das zweite Ziel – Zuschauer werden – auf dem Boden der schulischen Realität immer noch schwer genug zu verwirklichen sein. Einig ist man sich wohl aber darin, dass es kein Ziel der politischen Bildung sein könne, politische Apathie zu fördern. Dennoch mag es sich geben, dass die Rolle der sogenannten Apathischen, aus denen sich die scheinbar „passive" und/oder „schweigende" Mehrheit formiert, für das gesittete, d.h. gewaltfreie Zusammenleben unterschätzt wird.

Apathie ist der Zustand der Teilnahmslosigkeit und Gleichgültigkeit, was in einer Welt, die von pädagogischer und nicht-pädagogischer „Aktivitis" geprägt ist, natürlich keine schmeichelhafte Diagnose darstellt. Doch es mag sich in vielen Fällen um eine ungerechte, moralisierende Suggestivdiagnose handeln: Als ob die politisch Inaktiven *generell inaktiv* wären – und als ob politische Aktivität *generell begrüßenswert* sei. Als ob es nicht darauf ankäme, wer mit *welchen Zielen* und *welchen Mitteln* politisch aktiv wird. Politische Apathie ist ein Schimpfwort – dies im Unterschied zu anderen Apathien: Wer sich etwa überhaupt nicht für Sport interessiert oder für die bildenden Künste oder für die Natur, den würde man kaum als „apathisch" bezeichnen. Ein bisschen Nachdenken und Erfahrung führt aber zur Einsicht, dass der Bereich der Apathie ein *Universum* darstellt, während es sich bei der Aktivität und Wohlinformiertheit immer nur um relativ kleine Bereiche des menschlichen Einzellebens handeln kann. Die *normative Überdeterminiertheit* des modernen Lebens („zu viel Sollen") zwingt uns geradezu, an edlen Aufgaben Abstriche zu machen und sozusagen bereichsspezifisch apathisch zu werden. Es bleibt weiterhin unmöglich, sich zur gleichen Zeit für alles intensiv zu interessieren, wiewohl dies u. U. als wünschenswert erscheinen könnte.

Politische Apathie in demokratischen Massengesellschaften ernsthaft zu beklagen, kann – von wichtigen Ausnahmen abgesehen – im Grunde nur, wer zwischen *politischem Gebildetsein* und *demokratiekompatiblem und -tauglichem Verhalten*, also auch zwischen *politischer Bildung* und *demokratischer Erziehung im weitesten Sinne* nicht unterscheidet. Die mit diesem Differenzierungsmangel zusammenhängende Klage, in den Schulen werde viel zu wenig für die politische Bildung getan, mag im strikten Sinn berechtigt sein, doch sie ist zu dramatisch, da die meisten Schulen westeuropäischen Typus *in vielerlei Hinsicht* schon lange als „demokratisch" zu bezeichnen sind: in ihnen werden Verhaltensweisen und Kompetenzen gefordert, gefördert und eingeübt, ohne die das demokratische Ethos nur schwer bestehen könnte. Dass aber Schulen *nie nur* demokratisch sein können und auch nicht sein sollen, ist ein Moment, in welchem sich die Begrenztheit aller politischen Schulbildung andeutet. Der Rede von der Schule als *Polis*, welche reformpädagogisch inspiriert immer wieder zu hören und lesen ist, haftet so immer auch das Schmalzige oder Schwülstige, in jedem Fall aber das Nicht-ganz-Aufrichtige an. Schule ist keine Polis – die Polis gibt es nur zwischen Gleichen und Freien, zwischen Menschen, die sich nicht beherrschen lassen und nicht herrschen, die nicht befehlen können und nicht gehorchen sollen. Die Polis hat mit institutionalisierter Bildung und Erziehung wenig zu tun. Dass es aber ein extracurriculares „Schulleben" gibt, welches sich leicht politisch verklären lässt, liegt auf der Hand.

Wichtiger als die Frage, wie viele Bürgerinnen und Bürger sich – generell – politisch aktiv engagieren, scheint die Frage zu sein, ob in der Gesamtheit der Gesellschaft Verhaltensweisen vorwiegen, welche das demokratische Ethos stützen oder zumindest kompatibel mit ihm sind. Es ist zu vermuten, dass dieses Ethos gerade auch von der sogenannten apathischen Mehrheit mitgetragen wird, von „normalen" Menschen, die ein möglichst sinnvolles Leben und Zusammenleben anstreben und vielleicht auch verwirklichen können. Aus dieser Sicht ist es natürlich immer „noch" bedeutsam, ob eine *politische* Kultur existiert, die diesen Namen verdient. Fundamentaler geht es aber darum, ob die „passive" Mehrheit in ihren lebensweltlichen Bezügen *kulturell-argumentative Strategien* in jenen Belangen pflegt, die auch mit den *un*politischsten aller Kommunikationsformen „gelöst" werden könnten, nämlich mit Anweisung, Androhung und Befehl. Dies darf als *demokratisches Ethos* bezeichnet werden, welches in der Schule tatsächlich auch mehr oder weniger praktiziert werden kann.

Im Unterschied dazu ist politische Bildung, ebenso wie etwa ästhetische Bildung oder naturwissenschaftliche Bildung, in entwickelter Form und Ausprägung nicht von der Mehrheit zu erwarten. Zwar ist es Usus geworden, politische Bildung als das Zusammenspiel von politischem *Wissen*, politischem *Interesse* und politischem *Handeln* zu sehen bzw. als Zusammenspiel von politischem Wissen, politischen Kompetenzen und Haltungen, Einstellungen oder Orientierungen. Was die politische *Bildung* im *engeren* und schulischen Sinne betrifft, so muss letztlich doch für den Primat des *Wissensaspektes* votiert werden. Politisches Wissen ist Wissen über

(a) politische Institutionen und ihr Funktionieren, ihre demokratische Bedeutung,
(b) politische Prozeduren, Prozesse und Strategien,
(c) politische Traditionen, Ideen und Utopien,
(d) politische Akteure, Parteien und Persönlichkeiten,
(e) allgemeine und konkrete politische Auseinandersetzungen, d.h. politische Themen, und schließlich
(f) Wissen über die Differenzen zu anderen Rationalitäten und Praktiken (welches vielleicht die „höchste" Form des politischen Wissens genannt werden darf).

Während wir also zu demokratietauglichem oder demokratiekonformem Verhalten *erzogen* und *sozialisiert* werden können, demokratisch erziehen und sozialisieren, d.h. ein demokratisches Ethos in den vorwiegend lebensweltlichen Arenen pflegen und tradieren, nämlich mit der Art und Weise, wie wir miteinander kommunizieren, wie wir Probleme lösen und Konflikte bewältigen, Konsens erstreben, aber mit Dissens leben müssen, bilden wir uns damit *keineswegs automatisch* auch im *politischen* Sinne, wiewohl das demokratische Ethos manchmal als Humus erscheinen mag, in welchem auch die politische Bildung im engeren Sinn ihre Blüten treiben kann. Doch wir alle wissen, dass meist gerade das *Fehlen* dieses Humus, nämlich das skandalöse *Fehlen* demokratischer Vorgehensweisen den Menschen politisiert, sei er jung oder alt, und womöglich zu offizieller oder informeller Politik treibt (vgl. Reichenbach & Breit 2005).

Schließlich wäre eine weitere positive Seite des Apathischen zu vermerken, nämlich das Fehlen von Leidenschaft und Krankheit, *Pathos*. Die mitunter krankhafte (pseudo-)politische Leidenschaft hat das demokratische Ethos, historisch betrachtet, wohl insgesamt mehr und öfter bedrängt, gefährdet und zwischenzeitlich ganz zerstört als die Indifferenz der Apathischen.[20] Nur, dieser Aspekt wird mit pejorativen Bezeichnungen wie „apathische Masse" oder „unpolitischer Bevölkerungsteil" etc. ironischerweise meist unterschlagen, und der „politisch Apathische" erscheint – als generell

[20] Ganz abgesehen davon transformierte sich die Apathie („apatheia") von der Unempfindlichkeit und Affektlosigkeit (Aristoteles) bei den Kynikern in die Gemütsruhe und wurde von den Stoikern sogar als das dem weisen und tugendhaften Menschen angemessene Verhalten verstanden. Der sogenannten geläuterten und nicht stumpfsinnigen Apathie wird auch in der Neuzeit durchaus Positives abgerungen, wird sie doch auch als Mittel zur Glückseligkeit verstanden (Spinoza, Kant).

apathisch – im ungünstigen Lichte mangelnder Bildung, als uninformiert, uninteressiert, gleichgültig und naiv. Kurz: Wer nicht politisch *partizipiert* – zumindest in der Partizipation des Zuschauers –, mit dem stimmt offenbar etwas nicht, er kann vielleicht nichts dafür, aber er hat sich nicht genügend entwickelt, und es wäre allemal begrüßens- und anstrebenswert, ihn zur politischen Partizipation zu bringen.

Leicht wird also verkannt, dass das politische *Interesse* durchaus häufig und bestens mit der politischen *Inaktivität* zusammenlebt, namentlich in den Millionen von „Zuschauern“, die auf ihren Beobachtungsposten, manche ganz nahe, manche weit von den politischen Arenen entfernt, riesige Zuschauerräume bilden und die verhältnismäßig kleine Schar von Gladiatoren in der Zahl freilich hundertfach, tausendfach und zehntausendfach überragen, aber in der Regel kaum über Chancen zur unmittelbaren und allseitigen Partizipation *in* den Arenen verfügen.

Gemeinsam ist diesen Zuschauern, dass sie sich – dies im Unterschied zu den Gladiatoren – die Hände nicht schmutzig machen (müssen) und meist besser wissen, was gut und recht ist. Die Zuschauer haben den (freilich immer vermeintlichen) Überblick, sie können differenzierte Kommentare abgeben, sie können auch primitive Kommentare am Stammtisch abgeben, aber selbst dann sind sie – was die Politik betrifft –, wenn nicht Ausdruck, so doch zumindest Abglanz des „bios theoretikos“ *oder auch der* „vita contemplativa“. Wer im Unterschied dazu wie die Gladiatoren mitten in der „vita activa“ steckt, der kann – ganz im Sinne Hannah Arendts – letztlich nicht wissen, was er tut oder bewirkt; er hat keinen Überblick, ihm fehlen die Pausen ruhigen Nachdenkens, er wird von einer Entscheidungssituation in die andere geworfen, und immer muss er so tun, als ob er genau wüsste, was er tut. (Natürlich ist er in Einzelfällen sehr gut informiert, aber eben nicht in allen Fällen, in denen er Entscheide zu fällen hat, von denen viele Nicht-Beteiligte betroffen sind.) Diskurse sind lang, das Leben aber ist kurz, meinte Odo Marquard (1981), und wer im Leben selber – als *man of action* – bestehen will, der muss immer wieder auf mickrigen Grundlagen Stellung beziehen, während sich der Zuschauer – als Anarchist, Urchrist, Sozialist oder Konservativer – in seinen vielleicht treffenden, wenn auch meist gänzlich wirkungslosen Kommentaren gefallen mag, selbst nichts riskiert und dafür auch nichts gewinnt, sich die Hände nicht schmutzig macht, aber dafür auch keine Hände hat (um hier auf *Les mains sales* von Jean-Paul Sartre anzuspielen).

Die Zuschauer sind, wenn alles gut geht, die politisch gebildeten Bürgerinnen und Bürger – sie verfügen über das nötige Wissen bzw. sollten darüber verfügen. Es ist nicht *primär* bedeutsam, ob sie sich aktiv engagieren. Bedeutsam ist, dass sie weiterhin observieren und kommentieren. *Aktiv sein heißt in Bezug auf politische Bildung oder gar Gebildetsein gar nichts, auch gefährliche Dummköpfe können aktiv sein.* Werden ungebildete Köpfe aktiv (fromm zu glauben, es gäbe nur wenige davon), wird das demokratische Ethos teilweise dramatisch auf seine Tauglichkeit geprüft. Es wäre also insgesamt besser, dass jene, die nichts von Politik verstehen, sich auch nicht um sie kümmern. Diese schon in Platons *Alkibiades* (1996) formulierte Sicht passt vielleicht nicht in die „political" und „educational correctness" der heutigen pädagogischen Demokratiebeschwörung, doch nur deshalb wird die Idee, wonach in modernen Gesellschaften möglichst viele Menschen politisch aktiv sein sollten, auch nicht besser. Wo es nur noch Gladiatoren gäbe und keine Zuschauer, auch keine Apathischen, wo sich also die aktivistische Utopie verwirklicht hätte, wäre das Chaos perfekt: Es gäbe keine Korrekturen (z.B. Abwahlen), keine Übersicht, kaum intelligente Kommentare, die nur in der „vita contemplativa" zustande kommen können. Kurz: dass das demokratische Ethos auch in der politischen Arena überhaupt verwirklicht werden kann, ist v.a. den Zuschauern zu verdanken. Es ist auch nicht die politische Schulbildung, welche zur Frage – „Auf welcher Seite stehst du?" – motiviert. Aber natürlich kann es die politische Schulbildung sein, die dabei mithilft, den Sinn der Frage zu verstehen, die Notwendigkeit ihrer Beantwortung zu erkennen und sie schließlich zu beantworten.

Politische Bildung und/oder demokratische Erziehung?

Schulen vermögen Fähigkeiten und Dispositionen („Bereitschaften") zu fördern, deren *Erwerb* für das demokratische Zusammenleben bedeutsam, vielleicht notwendig, aber deshalb noch lange nicht selbst „demokratisch" sein muss. Man kann auch sagen, dass öffentliche Schulen v. a. den „Gemeinsinn" zu fördern haben, wie im ersten Kapitel ausgeführt worden ist. Demokratische Kultur ohne Gemeinsinn ist nicht denkbar, zumindest gefährdet. Doch wer über Gemeinsinn verfügt, muss deshalb noch lange nicht *politisch* gebildet sein, und wer *moralisch kompetent* ist, mag trotzdem *politisch naiv* sein. Während also die Schule den Gemeinsinn fördert, einfach schon deshalb, weil Schule den *Geist diszipliniert* – etwa dadurch, dass die Kinder und Jugendlichen gemeinsam an den Logiken der jeweiligen Disziplinen partizipieren (*müssen*) –, ist der Erwerb politischer Bildung im engeren Sinn innerhalb der obligatorischen Schulzeit und darüber hinaus mehr als fraglich. Während *demokratische Erziehung* stärker auf Moral rekurriert (da Erziehung meistens auf Moral rekurriert), rekurriert *politische Bildung* verstärkt auf die strittigen Dinge der „res publica" (also auf Politik), weniger auf das richtige *Verhalten* als vielmehr die Fähigkeit zur *Intervention* (vgl. Tabelle 1).

Rationalitätsform	**Moral**	**Politik**
Pädagogischer Ausdruck	Demokratische *Erziehung*	Politische *Bildung*
Primäre Erscheinungsform	*Verhalten*	*Urteilen, Handeln*
Grundlegendes Ziel	Ermöglichung notwendiger Grund*konsense* des Zusammenlebens	Kollektive Entscheidungspraxis unter *Dissens*bedingungen

Tabelle 1: Die (analytische) Differenz zwischen demokratischer Erziehung und politischer Bildung

Die Behauptung, dass unsere Schulen insgesamt zu wenig „demokratisch" seien bzw. darin zu wenig demokratieförderliche Kompetenzen gelernt würden, ist eine Diagnose, die der empirischen, aber vor allem der begrifflichen, Basis entbehrt. Allerdings eröffnet sie eine moralische Dramaturgie, und die Welt der Schule und Pädagogik kann damit sozusagen nicht genügend aufgefordert werden, „demokratisch", und wenn „schon demokratisch", dann „noch demokratischer", und wenn „schon demokratischer", dann immer „noch demokratischer" zu werden. Demokratie gehört zu jenen besonderen Früchten, die immer weiter reifen und nie faulen (sollen).

Dieses zum endlosen Wachstum und Aufblühen entschlossene Ideal Demokratie stellt – als offenbar „nie völlig zu erreichendes Ideal" – jede Realität in den Schatten. Und so kann man weiterfahren, die konstitutiv schlecht aussehende Realität zu kritisieren und den mangelnden demokratischen Geist zu beklagen, dem man überall sofort begegnet, wenn man ihm nur begegnen will. Solche Diskrepanzen zwischen Ideal und Realität sind eine ideale Bedingung für den Kompetenzdiskurs.

Kompetenzen sollen Gutes, Nützliches und/oder Schönes bewirken, es sind Mittel, Instrumente, man hat also zumindest minimale technologische

Ansprüche, wenn man von Kompetenzen spricht. Insbesondere die sogenannten überfachlichen Kompetenzen, Soft-skills – unter welche auch die politische Bildung fällt –, werden mit einem technologischen Anspruch verbunden. Manche haben dies als eine „moralische Verarmung“[21] betrachtet (vgl. Carr 1994; Hyland 2000). Doch es ist natürlich nicht so einfach, den Soft-skills das Tugendhafte ganz abzuschreiben, und es ist auch nicht korrekt, sie „bloß“ technisch-strategisch zu verstehen. Zutreffend ist, dass es auf den konkreten *Gebrauch* der Kompetenz ankommt: Kompetenzen sind nicht „an sich“ gut, und natürlich lassen sie sich auch strategisch fragwürdig einsetzen. Allerdings trifft dies zumindest für die sogenannten Sekundärtugenden auch zu. Die Tugend bezeichnet wie die Kompetenz ein (lebenspraktisches) Können, aber darüber hinaus verstärkt sie ein Wollen und verlangt vom Einzelnen gewissermaßen in direkter Unbedingtheit, gemäß seiner Einsichten zu handeln, was bei „bloßen“ Kompetenzen nicht der Fall ist.

Wir können in Bezug auf unsere Kompetenz „Heilige im Urteilen“ und „Halunken im Handeln“ sein (vgl. Althof, Garz & Zutavern 1988) – in Bezug auf die Tugenden macht eine solche Rede jedoch offenbar wenig Sinn, wie im zweiten Kapitel aufgezeigt worden ist. Tugend entspricht der Umsetzung des Willens in die Tat. Allerdings sind die Probleme tugendhafter Fixierungen, wie auch schon angedeutet, gravierend. Aus diesem Grunde sind auch neuere Tugendkataloge bzw. -diskussionen (vgl. z.B. Comte-Sponville 1998; Seligman 2003) nicht unbedingt überzeugender als der „soft skills talk“ – über den man sich aufregen oder lustig machen kann –, sie sind aber immerhin raffinierter und befriedigen deshalb akademische Bedürfnisse.

Konsenskompetenzen und Dissenstauglichkeit

Es zeigt sich am internationalen Diskurs über demokratische Kompetenzen (vgl. z.B. Himmelmann 2005) und der sogenannten „Demokratiepädagogik“ (vgl. Edelstein & Fauser 2001), wie wenig hier im Grunde noch klar wird, was man sich pädagogisch unter „Demokratie“ vorstellt …

[21] Als „morally impoverished“ (vgl. Fish 1993).

offenbar: *Moral.* Als ob Demokratie in säkularisierten Gesellschaften sowohl als Staatsform als auch als Lebensform moralisiert und selber sakralisiert werden müsste: Wenn der Herrgott nicht mehr im Himmel ist, dann steckt er eben bitte in der Demokratie, wenn die *vertikale* Transzendenz verkümmert (die Götter oben stumm, die Menschen unten dumm), dann soll die *horizontale* Transzendenz (das unterstellte Reich vernünftiger Intersubjektivität) umso stärker sein, als Politik und Philosophie des *Anderen* und Miteinanders – „*religion de l'Autre*" hat Luc Ferry dies einmal genannt (1996, S. 93)

Man kann sich aber der Frage widmen, wie Erziehung und Bildung im Hinblick auf Charakteristiken der demokratischen Lebensform gedeutet werden können und müssen. Dabei wird deutlich, dass Bildung, Erziehung, Moral und Demokratie *nur sehr bedingt* Begriffe für Merkmale eines zivilisatorischen „Hypergutes" sind, die sich gegenseitig voraussetzen oder unterstützen würden. Es würde wohl auch deutlich, dass die Zuversicht liberaler Aufklärungspädagogiken mit ein Grund für den ungebrochenen Glauben an erziehungs- bzw. bildungsrelevante Technologien ist, mit welchen die Konflikte des modernen Lebens und Zusammenlebens gelöst werden könnten. Konflikte, nota bene, die – um hier etwas pathetisch zu werden – nicht nur kontingent sein mögen, sondern in der demokratischen Lebensform selbst gründen.

Man mag dem Postulat zustimmen, wonach die (moralischen) Konflikte zwischen den Menschen „demokratisch gelöst" werden *sollten*, doch sinnvoller erscheint es, im demokratisch verfassten Leben nicht die zentrale Problemlöseinstanz zu sehen, sondern vor allem die Möglichkeit, bestimmte Konflikte als berechtigt erscheinen zu lassen und mit den *unlösbaren* Problemen auf halbwegs „gesittete" Weise zu leben. Die demokratische Lebensform ist selber ein zivilisatorisches Gut, sie braucht nicht instrumentalisiert zu werden. Doch wie jedes Gut liegt auch die demokratische Lebensform im Streit mit anderen – und gleichberechtigten – Gütern (z. B. der Erziehung und Bildung). Die Annahme, dass das Gut der demokratischen Lebensform mit allen gleichberechtigten Gütern der Moderne in Einklang gebracht werden kann, ist grundlos und unnötig. Mit Isaiah Berlin könnte man formulieren: Diese Annahme entspricht einem modernen Platonismus. Das „freiheitliche" Leben ist nicht *trotz* der Konflikte zu bejahen, denen es sogar zum Durchbruch verhilft, sondern vielmehr *weil* es die Konflikte ausdrücken hilft, die sich zwischen den Selbst- und Weltinterpretationen der Menschen ergeben: Demokratische Lebensformen weisen ebenso intime Affinitäten zu Dissens und Dissensrechten wie zu Konsens und entsprechend geforderten Konsenskompetenzen auf. Dies macht sie zu fragilen Gebilden, welche mit der Rhetorik von Grundwertedebatten, Leitkulturdebatten oder pädagogischen Heiligsprechungen kaum erhellt werden.

Es mag „Konsens*kompetenzen*“ geben (z. B. Argumentieren oder soziale Perspektivenübernahme), es macht aber kaum Sinn, von „Dissens*kompetenzen*“ zu sprechen, vielmehr kann man Dissens*tauglichkeit* im Grunde nur in einer *Tugend*sprache ausdrücken: So ist auch die Diskurs*bereitschaft* kompetenztheoretisch nicht zu fassen, rationale Motivation ebenso wenig. Diskurswille oder Diskursbereitschaft ist aber die Ermöglichungsbedingung, dass bestimmte Konsenskompetenzen überhaupt erst zum Tragen kommen können.

Schule hat Konsenskompetenzen zu fördern, und das kann sie auch – die demokratische Gesellschaft hängt allerdings weniger von diesen ab als von der Dissenstauglichkeit ihrer Bürgerinnen und Bürger – diese primär affektive Leistung muss von den meisten, wenn nicht von allen immer wieder erbracht und gezeigt werden, obwohl man dazu oft nicht fähig ist … Schule ist keine *Polis* und auch keine *Gesellschaft im Kleinen*, sondern konstitutiver Teil der Gesellschaft (im Großen). John Deweys Metapher der Schule als embryonaler Gesellschaft (Dewey 1907) ist sympathisch, aber irreführend. Es ist letztlich der politischen Bildung nicht dienlich, ihre Rolle für Demokratie zu strapazieren.

5. Schule als Ort des Tausches und der Täuschung[22]

These: Schule und Unterricht sind ein Ort der Taktik und Strategie, nicht allein der authentischen Beziehungen. Die stillschweigende Einführung in das Ethos des Tausches und des Täuschens gehört zum heimlichen Lehrplan moderner Schulen. Wer dies allein als Übel verunglimpft, verkennt die zivilisierende Dimension der Schule und daher auch die Bedeutung von Tausch und Täuschung für die zivilisierte Gesellschaft.

Einführung in das Täuschungsethos

Das zentrale theoretische Problem der pädagogischen Komplementarität – Eltern-Kind, Lehrperson-Schüler, Lehrmeister-Auszubildende etc. – besteht in der für das moderne Ethos unabdingbaren Moral der wechselseitigen Achtung, die auf der Interaktionsebene das Ideal der symmetrischen Kommunikation vorzeichnet, welches mit der Beschreibung asymmetrischer und komplementärer Beziehungen immer wieder konfligiert (vgl. die sogenannte „pädagogische Antinomie" als zentrales Problem aller „Autonomiepädagogik"; Hügli 1999; Benner 1987). Freilich unterstellt jedes vernünftige Erziehungs- und Unterrichtskonzept nebst aller Rhetorik, die dem Ideal der Symmetrie geschuldet ist, zumindest *implizit* die dominante Position der Lehr- oder Erziehungsperson. So vollzieht sich eine für demokratische Lebensformen konstitutive Unaufrichtigkeit der Kommunikationsverhältnisse, eine Doppelbödigkeit, die zu erlernen und verstehen nicht allen gleich leicht fällt, was zugleich als ein Indikator für privilegierte und weniger privilegierte Bildungskarrieren betrachtet werden kann.

Schule ist eine der zentralen Institutionen, wenn es um die Tradierung von Zivilität und demokratischer Citoyenität geht (vgl. Kapitel 1). Schon ihre grundlegendste Aufgabe oder Voraussetzung, die *Disziplinierung des Kinderkörpers* (z.B. das Stillsitzen lernen), damit überhaupt Unterricht

22 Vgl. zu diesem Kapitel insbesondere Reichenbach (2007a & d).

stattfinden kann, ist Affektregulation und nicht bloß Körperkontrolle, d.h. Grundlage „anständiger Gesellschaften“. Im Laufe schulischer Sozialisation erwirbt, wer zivil werden soll, auch aktive und passive *Strategien des Täuschens*. Das ist die hier vorgeschlagene These. An die Seite der Fähigkeit der Affektregulation tritt der situationskluge oder zumindest situationsangemessene *Ausdruck* von Wertungen unterschiedlichster Art (was einem gefällt, was einem gerade wichtig ist, was man tun möchte, was man von den Anderen hält, z.B. der Lehrperson, etc.), man könnte auch sagen, eine gewisse Besonnenheit im Umgang mit Authentizitäts- und Wahrhaftigkeitsimperativen, die ja schnell asoziale Züge annehmen, lässt man ihnen nur genügend Raum.

„Wer die Wahrheit sagt, muss ein schnelles Kamel haben“, lautet ein arabisches Sprichwort – und nicht alle haben ein schnelles Kamel, und wenn sie nur über ein langsames oder gar kein Kamel verfügen, so ist es für sie wahrscheinlich besser, dies in ihren Ausdrucksweisen in Rechnung zu stellen und mit Wahrheitsäußerungen sparsam und selektiv zu sein. Das pädagogische Ethos orientiert sich im Idealfall am Umgang mit den „Kamellosen“. Den Kamellosen schadet bisweilen der authentische Habitus. Problematischer ist es allerdings, wenn es gar nicht mehr darauf ankommt, ob man ein Kamel hat oder nicht. In der dramatischen Szenerie der Rütli-Schule in Neukölln, Berlin, die vor nicht allzu vielen Jahren in die Schlagzeilen gekommen ist, weil die Lehrpersonen pädagogischen Bankrott erklären mussten, wurde illustriert, was es heißt, wenn das Tauschethos – dieses freundliche oder weniger freundliche Tauschen von Täuschungen – zusammenbricht. Die interviewten Rütli-Schülerinnen und -Schüler, die wahrnahmen, dass sie für die Gesellschaft eher ein Problem als eine Hoffnung darstellen, dass der Gegenwert für Anpassung und Anstand nahezu nichtig ist, haben ganz explizit gemacht, dass sie ihre Tauscherwartungen aufgegeben haben, dass sie von der Schule und der Gesellschaft nichts mehr erwarten – und sie schätzen ihre Lage nicht unrealistisch ein. Die radikale Nullerwartung macht strategische und geschickte Umgangsweisen im pädagogischen Bereich überflüssig.

Sollte man sich mit dem Gedanken anfreunden, dass Schule und Unterricht bzw. das Unterrichtsgeschehen in wesentlichen Belangen *auch* als *strategische Interaktion* verstanden bzw. analysiert werden kann? Es gibt m.E. gute Gründe für die Ansicht, dass dies sogar eine ethisch geforderte Aufgabe ist. Während die *Tausch*komponente des Unterrichtens und Sich-

Unterrichten-Lassens noch am wenigsten problematisch erscheint (Unterricht als ein „*Geschäft*") und auch mit Vorformen von Moral zusammenfällt („wie du mir, so ich dir"), ergeben sich bei der Täuschung wie auch der Selbsttäuschung größere Probleme. Dennoch ist die *Täuschungs-* und die *Selbsttäuschungs*komponente zur Beschreibung und Interpretation des Unterrichtsgeschehens hilfreich.

Um hier konkreter zu werden, seien einige wenige Beispiele für das strategische und taktische Wissen und Handeln von Schülerinnen und Schülern angegeben, Beispiele, die aus einer kleinen Explorationsstudie stammen, die im Rahmen von Seminaren zum Thema des Nutzens von austauschtheoretischen Interpretationen im pädagogischen Bereich entstanden sind. Es handelt sich bei den folgenden Beispielen um Paraphrasierungen von Aussagen privilegierter Schülerinnen und Schüler der Gymnasialstufe (Reichenbach & Herrmann in Vorb.):

- Einem Lehrer, der mir immer nur schlechte Noten gibt, wiewohl ich zwar nicht gut bin, aber der einfach nicht sieht, wie sehr ich mich doch anstrenge, mag ich mein Interesse für das Fach, das er unterrichtet, nicht mehr geben. Und wenn ich merke, dass nicht einmal mein vorgetäuschtes Interesse, welches ich u.a. durch ständiges Händehochhalten zu zeigen versuche, etwas an der Lage verbessert, dann sowieso nicht mehr.
- Einer Lehrerin, die mich immer wieder dran nimmt, weil sie von mir offenbar meist gute Beiträge erwartet, nehme ich es nicht so übel, dass sie eher langweilig unterrichtet und ihr Fach mich nicht so heftig interessiert. Dennoch mag ich sie nicht enttäuschen und lerne zu Hause meist mehr als nötig.
- Bei einer Lehrerin, von der ich weiß, dass sie eine romantische Ader hat, schreibe ich meist ein bisschen schmalzige Aufsätze, die umso besser benotet werden. Bei ihr muss man immer „Gefühl" zeigen.
- Bei diesem Lehrer, der sich immer so schnell als Fachautorität hinterfragt und angegriffen fühlt, melde ich mich, wenn ich weiß, dass wieder einmal das Gegenteil von dem, was er sagt, wahr ist, nur in Frageform oder überhaupt nicht.
- Bei Gruppenarbeiten behaupten oder protestieren wir immer, dass wir noch mehr Zeit benötigen würden. Erstens haben wir dann mehr Zeit für uns, d.h. die Zeit geht schneller um, zweitens glaubt der Lehrer dann immer, wir seien ernsthaft bei der Sache, und drit-

tens spielt es sowieso keine große Rolle, wie wir das Ergebnis der Gruppenarbeit dann präsentieren, denn er ist mit uns Mädchen eh immer zufrieden (halt ein ganz Lieber).

Dies sind nur wenige und wenig problematische Beispiele für die Vielfalt des strategischen und taktischen Wissens von Schülerinnen und Schülern, die das schulische Täuschungsethos schon gut erworben haben. Dieser Erwerb wird ihnen nützen, nicht immer, aber oft genug. Übrigens nützt er auch den Lehrpersonen – die komplexe Kultur der pädagogischen Strategeme ist noch kaum systematisch untersucht.

Thomas Heinze (1980) hat sich vor Jahren mit Schülertaktiken auseinandergesetzt und konnte zeigen, dass sich in der Schule – mehr oder weniger subtil – eine eigene „Interaktions-Kultur (…) als Ausdruck von Distanz und Widerstand" entwickelt, wobei er viele der Disziplinprobleme als Resultat der damit zusammenhängenden „Überlebensstrategien" betrachtet. In Anlehnung an Goffmans Unterscheidung von primärer und sekundärer Anpassung interessierte sich Heinze vor allem für jene Schülerinnen und Schüler, die eine Schranke zwischen sich und der Institution ziehen, um „eine Spur von Autonomie zu wahren oder zumindest den Schein von Autonomie aufrechtzuerhalten" (Heinze ebd., S. 73). Eine gemäßigte sekundäre Anpassung besteht darin, die institutionellen Normen zu unterlaufen, um die schulischen Belohnungen mit (mehr oder weniger) unerlaubten Mitteln zu erreichen. Vor dem Hintergrund des Leistungsprinzips besteht die klassische Strategie der privilegierten Schülerinnen und Schüler im Mogeln. Doch auch das Präsentationsmanagement will gelernt sein. In den Worten von Ziehe und Stubenrauch:

> „Mit den Jahren lernen Schüler Techniken, ganze Vormittage zu verbringen, ohne daß sie danach wüßten, welche Inhalte behandelt worden sind. Wir haben dann eine Situation, in der der Schüler sehr ökonomisch vorgeht. Er muß mit einem Minimum an Beteiligung ein Höchstmaß an gutem Eindruck hervorrufen. Der Lehrer macht Ähnliches, er muß (…) mit einem Minimum an Lehraufwand für sich selbst ein Maximum des Eindruckes erwirken, er sei ein guter Lehrer."
>
> (Ziehe & Stubenrauch 1982, S. 149)

Nun gilt es aber auch eine destruktive sekundäre Anpassung in den Blick zu nehmen, die vor allem in Real- bzw. Haupt- und Gesamtschulen festzustellen ist. Denn die Umgangstaktiken im Unterricht und Schulleben sind keineswegs unabhängig von der Schulform, den sozialen Milieus und der persönlichen Lernbiographie der Schüler und Schülerinnen. Im Gymnasium wird das Leistungsprinzip eher damit unterlaufen, dass in den Prüfungen gemogelt wird, Hausaufgaben abgeschrieben werden, egozentrische, selbstvergessene Handlungen vorgenommen werden oder man durch geistige Absenz versucht, sich den Anforderungen zu entziehen. In der Real- bzw. Hauptschule können umgekehrt eher provokante Schülertaktiken festgestellt werden, die gegen die bürgerlichen Anstandsnormen der Schule gerichtet sind (Heinze 1980, S. 83). Das hat austauschtheoretisch[23] betrachtet mit der Legitimationsproblematik der Real- bzw. Hauptschule zu tun: Sie kann die nachschulischen Gratifikationen für schulisches Engagement viel weniger in Aussicht stellen.

Nun sind die neuen und alten Schummelkulturen keineswegs nur eine Angelegenheit von Schülerinnen und Schülern – das Lehrpersonal ist ebenso involviert, und manchmal ganze Schulen und Schulbezirke. Es ist das Verdienst von Sharon Nichols und David Berliner (2005; Nichols, Glass & Berliner 2006), zumindest für die USA gezeigt zu haben, wie sich durch vergleichende Leistungsstandmessungen neue – problematische – Schummel- und Täuschungskulturen etablieren, die u.a. von ökonomischer Bedeutung sind. Der Anreiz der Lehrpersonen und Schulen, ihre Wirksamkeit als besser darzustellen, als sie tatsächlich ist, hat sich stark erhöht. Die Studie trägt den bezeichnenden Namen *The Inevitable Corruption of Indicators and Educators Through High Stakes Testing* (etwa „Die unvermeidbare Korruption von Indikatoren und Lehrpersonal durch zentrale Leistungsstandmessungen"). Die festgestellten Haupteffekte sind: „Administrator and Teacher Cheating, Student Cheating, Exclusion of Low-Performance Students from Testing, Misrepresentation of Student Dropouts, Teaching to the Test, Narrowing the Curriculum, Conflicting Accountability Ratings, Questions about the Meaning of Proficiency, Declining Teacher Morale, Score Reporting Errors" (Nichols et al. 2006). Der Bildungshistoriker Sheldon Rothblatt hat in *Education's Abiding Moral Dilemma* (2007) zeigen können, wie wenig die Bildungssysteme von den Fehlern der anderen lernen und wie ganze Nationen die problematischen Funktionsweisen anderer Bildungssysteme jeweils auf eine recht optimistische Weise kopieren. Muss angenommen werden, dass die zeitgenössischen Reformen der Schul- und Bildungssysteme auch in unseren Breitengraden eine neue Unaufrichtigkeit belohnen?

[23] Vgl. Homans (1957 & 1960).

Pädagogik der Täuschung?

Nun mag man sich am Begriff der Täuschung stören. Das ist normal, wenn man zum Authentizitätsideal ein ungebrochenes Verhältnis hat. Allerdings beurteilen manche die Bedeutung dieses Ideals für öffentliche Belange ganz anders. So kritisiert beispielweise der Sinologe Harro von Senger (Senger 1988), der sich über Jahre mit den altchinesischen Strategemen und ihrer Bedeutung für unsere Epoche beschäftigt hat, die „Listenblindheit" so mancher Europäer. Das Listige, Täuschende und Manipulative hat hierzulande einen fast ausschließlich negativen Ruf. Für Täuschungstheoretiker ist dies weniger nachvollziehbar. So schreibt der amerikanische Bildungsphilosoph David Nyberg fast schon emphatisch: Deception is „an essential component of our ability to organize and shape the world, to resolve problems of coordination among individuals who differ, to cope with uncertainty and pain, to be civil and to achieve privacy as needed, to survive as a species, and to flourish as persons" (Nyberg 1996, S. 187). Es seien zwei ältere Beispiele für dieses „andere" Verständnis von Täuschung geboten – das erste ist vielleicht weniger ernst zu nehmen, das zweite schon eher. Zum ersten Beispiel.

Heinrich Popitz (2006) zitiert in seinem Essay *Über die Präventivwirkung des Nichtwissens* aus einer alten Glosse des Satirikers William Makepeace Thackeray, die 1859 unter dem Titel *On Being Found Out* erschienen ist und in welcher der Autor eindringlich und ironisch vor einer Gesellschaft warnt, in der jeder, der ein Unrecht begeht, entdeckt und entsprechend auch bestraft werden könnte bzw. sollte – allerdings beziehen sich seine Feststellungen auf das Geschlechterverhältnis (er meint hier, im Namen der Männer zu sprechen):

> „Wie froh bin ich, dass wir *nicht* alle entdeckt werden (…), ich protestiere dagegen, dass wir bekommen, was wir verdienen; (…) Was für eine wundervolle, schöne Fürsorge der Natur, dass das weibliche Geschlecht meist nicht geschmückt ist mit der Begabung uns zu entlarven (…). Möchten Sie, dass Ihre Frau und Ihre Kinder Sie so kennen, wie Sie sind, und Sie präzis nach Ihrem Wert würdigen? Wenn ja – mein lieber Freund: Sie werden in einem tristen Hause wohnen, und frostig wird Ihr trautes Heim sein." (Popitz 2006, S. 159)

Während Popitz ausführt, warum eine solche Gesellschaft aus soziologischer Sicht unmöglich ist, soll hier der pädagogisch bedeutsamere Umstand interessieren, dass eine vollkommen transparente und in diesem Sinne „gerechte“ Welt unmenschlich im doppelten Sinn wäre: dem Menschen nicht gemäß und inhuman. Zivilgesellschaften gründen auf Zivilität. Diese kann zwar mit Carter (1998) als die Summe der Opfer verstanden werden, die wir für das Zusammenleben erbringen müssen. Doch Zivilität heißt zunächst vor allem Anstand, Abstand und schöner Schein, d.h. Täuschung. Man möchte den Begriff der Täuschung vielleicht lieber ersetzen und „mimesis“ (griechisch „Nachahmung“, eigentlich „Vorahmung“) oder „imitatio“ (lateinisch) vorschlagen, aber diese Begrifflichkeiten, die in zeitgenössischen Täuschungstheorien nicht benutzt werden, bringen die moralisch-ethische Ambivalenz kaum zum Ausdruck, die mit „Täuschung“ einhergeht und für den vorliegenden Kontext bedeutsam ist.

Zum zweiten Beispiel: Immanuel Kant, der gerne und gewiss nicht ohne Grund des moralischen Rigorismus bezichtigt wurde, konnte der Täuschung vergleichsweise positive Seiten abgewinnen. In seiner *Anthropologie in pragmatischer Hinsicht* schreibt er unter dem Titel *Von dem erlaubten moralischen Schein*: „Die Natur hat den Hang, sich gerne täuschen zu lassen, dem Menschen weislich eingepflanzt, selbst um die Tugend zu retten, oder doch zu ihr hinzuleiten“ (1977/erstmals 1797, S. 443 f.). Und: „Der gute ehrbare Anstand ist äußerer Schein, der anderen Achtung einflößt (…) – Überhaupt ist alles, was man Wohlanständigkeit (decorum) nennt, von derselben Art, nämlich nichts als schöner Schein“ (ebd., S. 444). Es ist wahrscheinlich nicht an den Haaren herbeigezogen, zwischen dem moralischen und dem gesellschaftlichen Kant zu unterscheiden. Der letztere ist sozusagen anders gepolt: Sich gegenseitig täuschen, ohne zu lügen und zu betrügen, das macht für Kant die gesittete Gesellschaft aus, die gerade aus dem Spiel der Täuschung heraus die Kraft zur „Verbesserung“ zieht:

> „Die Menschen sind insgesamt, je zivilisierter, desto mehr Schauspieler: sie nehmen den Schein der Zuneigung, der Achtung vor anderen, der Sittsamkeit, der Uneigennützigkeit an, ohne irgend jemand dadurch zu betrügen; weil ein jeder andere, dass es hiemit eben nicht herzlich gemeint sei, dabei einverständigt ist, und es ist auch sehr gut, dass es so in der Welt zugeht (…)“ (Kant 1977/1797, S. 442).

Freilich muss Kant – wiewohl seine vorsoziologische Rollentheorie überzeugt – dann doch wieder die Moral in das Zentrum der Betrachtung rücken: „(…) Denn dadurch, dass Menschen diese Rollen spielen, werden zuletzt die Tugenden, deren Schein sie eine geraume Zeit hindurch nur gekünstelt haben, nach und nach wohl wirklich erweckt, und gehen in die Gesinnung über." (Kant 1977/1797, S. 442 f.)

Voll- und *daueraufrichtige Gesellschaften* wären unfreundliche, barbarische Verbände von authentischen Antipathie-Molekülen, wahrscheinlich gar keine Verbände. Kurz: Authentizität mag ein Ideal für relativ enge Langzeitbeziehungen sein, für institutionelle Verhältnisse, besonders auch die Schule, kann sie nur bedingt als Ideal überzeugen.

Doch Täuschung ist nicht gleich Täuschung. In zwei Fragebogenerhebungen mit insgesamt rund 550 Studierenden in Münster konnten relevante Komponenten der Einstellungen zu Tausch, Täuschung und Selbstinteresse faktorenanalytisch hervorgehoben werden (Reichenbach & Herrmann in Vorb.). Das heißt, die Befragten unterscheiden stillschweigend zwischen unterschiedlichen Dimensionen des sozialen Austausches, des Täuschens und des Selbstinteresses. So konnten die Faktoren „Leben als Geschäft" (bei welchem es im Prinzip um die Metapher „lohnende Investition" geht) und „Leistung und Gegenleistung" voneinander unterschieden werden. Die beiden Faktoren korrelieren hoch, können aber als unterschiedliche Akzentuierung der Tauschorientierung verstanden werden. Etwas komplizierter sind die Täuschungsskalen. Die Komponenten „Diskretion", „passive Täuschung" und „aktive Täuschung" sowie „Selbstpräsentationsmanagement" bilden einen Komplex von Verhaltensweisen des Sich-Verstellens auch im schulischen und universitären Bereich, in welchem der Übergang zwischen Anstand und Taktik mitunter fließend ist, so dass man sich ganz an Kants Überlegungen zum schönen Schein erinnert fühlt. Tausch- und Täuschungsorientierungen stehen durchaus nicht nur im Dienste eigennützigen Optimierungsverhaltens, sondern korrelieren mit einem – sagen wir „gesunden" – Selbstinteresse, welchem faktorenanalytisch die Komponenten des Leistungsmotivs (bzw. der Investitionsbereitschaft), der Erfolgsorientierung und der Prinzipientreue zugeordnet werden konnten.

Die Fähigkeit zur Selbsttäuschung gehört zu den unterschätzten, freilich ironischen sozialen Kompetenzen (Solomon 1996). Dass sich auch Lehrpersonen über sich täuschen (meist in Richtung zu positives Selbstbild bzw. zu positives vermutetes Fremdbild, vgl. Oser 1998), hat durchaus nicht nur die Seite der anti-depressiven Wirkung, vielmehr mag aus dem wechselseitigen und dem Sich-selber-Täuschen ein durchaus *positives Lernklima* entstehen. Denn: Wie lernt man, sich für Mathematik zu interessieren, wenn man sich nicht für Mathematik interessiert? *Indem man so tut, als würde man sich für Mathematik interessieren.* So lernt man nicht nur, sich für Mathematik zu *interessieren*, sondern man lernt teilweise auch *Mathematik*! Interesse durch Imitation und Imagination – auch eine Form der Erziehung und Bildung der Gefühle (vgl. Reichenbach & Maxwell 2007).

Wie schaffen es die Schülerin und der Schüler also, sich um 8 Uhr für die Binomischen Formeln, um 9 Uhr für unregelmäßige Verben im Französischen, um 10 Uhr für die Raspelzunge der Schnecke, um 11 Uhr für Luther auf der Wartburg und um 14 Uhr für osmotische Systeme zu interessieren? Ob sie das *wirklich* (?) schaffen, ist pädagogisch nahezu bedeutungslos, die Frage ist vielmehr, wie und ob sie es schaffen, *so zu tun*, als ob sie sich für all diese Dinge interessieren würden. Die Frage mag als motivationspsychologische und didaktische verstanden werden, überzeugender ist es m.E., sie als *strategische* zu begreifen, nicht im Sinne einer Lernstrategie, sondern als *Strategie des Umgangs mit Lehr-Lern-Situationen.* Zu den pädagogischen Strategien und Strategemen gehören nicht nur *Strategien des Führens*, sondern auch die *Strategien des Geführtwerdens*, des Sich-führen-Lassens.

Führen und sich – geschickt – führen lassen

Während der Anspruch, sämtliche Erziehungs- und Bildungsprozesse austauschtheoretisch analysieren zu wollen, kaum überzeugen könnte, sind bedeutsame Interaktionen im schulischen Unterricht durchaus aus dieser Perspektive zu erhellen. Unterrichten ist eine Kommunikationspraxis, die zu einem Großteil darin besteht, dass Lehrpersonen der Schulklasse oder einzelnen Schülern in mehr oder weniger kurzer Folge und auf mehr oder weniger direkte Art Handlungsanweisungen geben, die entweder prompt befolgt werden sollen oder deren Ausführung zu einem späteren Zeitpunkt erwartet wird. Wie in jeder rollenkomplementären und asymmetrischen Beziehung geht es hierbei um kommunikative Dominanzmanöver, mit denen eine bestimmte Ordnung als Voraussetzung institutionellen Lehrens und Lernens hergestellt werden kann. Die Aufgabe pädagogischer Führung und Autorität ist die Etablierung eines beweglichen sozialen Gleichgewichts, d.h. eines spezifischen Anerkennungsverhältnisses, in welchem dominante und inferiore Positionen – sei ihre Differenz mitunter auch gering – unterscheidbar sind. Dieses Verhältnis kann hinsichtlich seiner Komplementarität und Reziprozität kritisch hinterfragt und normativ-idealistisch interpretiert werden, gleich bleibt sich, dass es im pädagogischen Feld wenig Möglichkeiten der prinzipiell herrschaftsfreien Kommunikation gibt. Die Differenz „superior versus inferior" muss dabei keineswegs immer mit der Differenz „mächtig versus ohnmächtig" zusammenfallen. Hingegen führt konsequent „symmetrische Kommunikation" zumindest Watzlawick et al. (1969) zufolge auch in – insgesamt „symmetrischen" – Langzeitbeziehungen immer zur Eskalation. Symmetrische Kommunikation ist in dieser Lesart die standhafte Weigerung der Beteiligten, die inferiore Position einzunehmen („nachzugeben"). Rollenkomplementär funktionierende Kommunikationsverhältnisse benötigen daher immer wieder das Zugeständnis und die Bereitschaft Einzelner, zeitweilig die inferiore Position einzunehmen (vgl. Vollmer 1991).

Unter der Bedingung der allgemeinen Akzeptanz der wechselseitigen Moral auch im pädagogischen Bereich kommt es daher fast notgedrungen zu sogenannten verdeckten Dominanzmanövern. Die asymmetrischen Verhältnisse werden kommunikativ verschleiert, um politisch bzw. pädagogisch korrekte Umgangsweisen zu ermöglichen. So wird das Problem des Gebens und Befolgens von Handlungsanweisungen auf beiden Seiten der strukturellen Differenz entschärft. Es macht einen erheblichen Unterschied, ob ein Akteur einem anderen etwas befiehlt, oder ob er ihn freundlich auffordert, etwas zu tun, oder eine begründete Erwartung an ihn formuliert, oder ob er bloß einer Hoffnung Ausdruck gibt, ein Bedürfnis artikuliert, oder eine so genannte „Ich-Botschaft" abgibt und z.B. ein Gefühl äußert. Sofern der Sprechhandelnde mit diesen Sprachakten allerdings ein bestimmtes Verhalten beim Anderen bewirken will, sind alle genannten Einflussversuche als – mehr oder weniger verdeckte – Dominanzmanöver zu verstehen. Das sogenannte „aktive Zuhören" stellt vielleicht die subtilste Form der Dominanzkaschierung dar.

Dominanzmanöver sind soziale Einflussversuche, die in Machtbeziehungen bzw. Autoritätsbeziehungen anfänglich die Motivation der Anpassung (= Konformitätstendenz) bei den Adressaten stärken (oder stärken sollen), dann aber, wenn die Einflussnahme als zu stark erfahren wird, zunehmend ein zweites Motiv aktivieren, nämlich die Tendenz, die „verlorene Freiheit" oder die als bedroht wahrgenommene Freiheit wieder herzustellen, also die Reaktanzmotivation oder den Widerstand (vgl. Dickensberger, Gniech & Grabitz 1993, S. 251; Buschmeier 1994, S. 63 ff.). Die Reaktanz ist zunächst nur latent, und das Anpassungsmotiv noch wirksam, sie kann aber später manifest werden, und ein Schüler mag z.B. seinem Unwillen Ausdruck geben und sich sogar weigern, einer Handlungsanweisung der Lehrperson Folge zu leisten (vgl. Abb. 1).

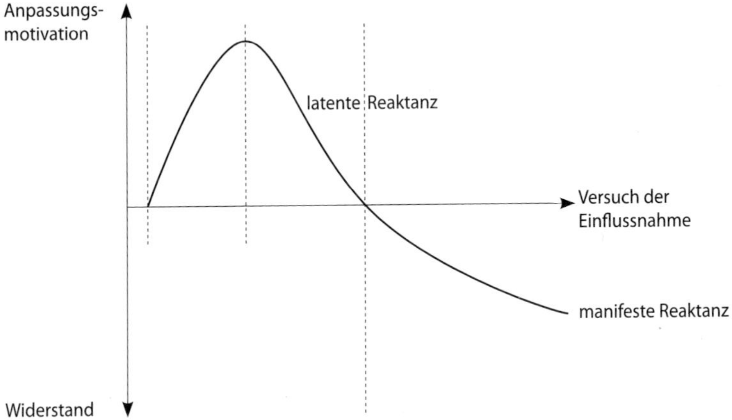

Abb. 1: Anpassung und Widerstand in Funktion der Stärke des Versuchs der sozialen Einflussnahme (vgl. Buschmeier 1994, S. 63ff.).

Es deutet sich an dieser Stelle an, dass Schüler und Schülerinnen insgesamt nicht sehr geschickt sind, wenn sie ihrem inneren Widerstand häufig freien Lauf lassen und ihre Reaktanz deutlich manifestieren. Umgekehrt könnte es für Lehrpersonen bedeutsam sein, die direkten oder plumpen Einflussnahmen nicht zu übertreiben und, wo es hilfreich ist, zu kaschieren (aus diesem Grund fragen Lehrpersonen etwa: „Wer möchte einen Anfang machen?“. Oder sie „laden die Kinder ein“, sich mehr zu beteiligen oder überhaupt tätig zu werden, oder sie verstehen sich bloß als „Begleiter von Lernarrangements“ und sind in Schulen tätig, in denen von „Lernangeboten“ die Rede ist und sogar „Pflichtangeboten“ ...). Damit aber der Widerstand maßvoll bleibt bzw. gar nicht auftritt, muss es sich für die Gehorchenden insgesamt lohnen, sich anzupassen. Gehorchen kann als sozialer Tauschakt verstanden werden. Die Macht bzw. Ohnmacht der einzelnen Akteure muss aber, wie erwähnt, nicht mit ihrer strukturellen Position zusammenfallen. Es ist durchaus möglich, dass die strukturell ungünstigere oder inferiore Position – zumindest zeitweilig – mit mehr Macht verbunden ist, und umgekehrt, dass etwa eine Lehrperson von ihren Schülern nur sehr begrenzt oder überhaupt nicht als Autorität anerkannt wird. Doch auch in solchen Fällen mag der subjektive Nutzen des Gehorchens für die Schüler und Schülerinnen groß sein; so mögen die betreffenden Tauschbeziehungen bloß Inszenierungen der vorgetäuschten Autoritätsanerkennung und des vorgetäuschten Gehorsams darstellen, wenn es etwa schlecht um die eigenen Noten steht, diese aber als wichtig erachtet werden. Auch die vorgetäuschte Autoritätsanerkennung ist eine solide Basis für gelingende Schulkarrieren, wobei sich die Täuschungen sowohl auf die Anerkennung der Autoritätsperson als Funktionsträger als auch als Person und Vertreter eines Werte- und Interessenbereiches beziehen können.

Im Unterschied zu ökonomischen Transaktionen, bei denen meistens recht klar ist, welchem Geben welches Nehmen entspricht, z.B. welche Mengen zu welchem Preis ausgetauscht werden, ist, wie Blau (1964) betont hat, beim sozialen Tausch typischerweise unklar, ob, und wenn ja, wie viel, und wann jemand erhält, der vorher gegeben hat. Soziale Tauschakte verursachen ungenaue Verpflichtungen: A mag B einen Gefallen tun und dafür in der Zukunft eine Gegenleistung erwarten, doch welche es ist und ob es überhaupt zu einer Gegenleistung kommt, ist zuvor nicht ausgemacht und kann auch nicht verhandelt werden – die allfällige Gegenleistung liegt ganz im Ermessen von B. So ist sozialer Tausch zumindest zu Beginn einer Beziehung mit gewissen Risiken verbunden. Soziale Austauschbeziehungen entstehen daher oft relativ langsam und beginnen mit kleineren Transaktionen, die wenig Vertrauen erfordern. Die Vertrauenswürdigkeit der Austauschpartner wird durch die Erfüllung von Verpflichtungen für geleistete Dienste gestärkt und demonstriert (vgl. Kruse 2003, S. 1).

Während Homans (1957 & 1960) vor allem wegen seinem Sozialbehaviorismus und psychologischen Reduktionismus kritisiert worden ist, kann man gegen soziale Austauschtheorien generell ins Feld bringen, dass es sowieso nicht angemessen sei, menschliches Verhalten und Sozialleben primär als Austausch zu begreifen, und dass die Reduzierung sozialer Interaktionen bzw. sozialen Austausches auf ökonomische Transaktionen oder rein psychologische Prozesse abzulehnen sei. Diese Kritikpunkte wenden sich heute eher gegen die Nachfolgetheorien, insbesondere gegen den Rational-Choice-Ansatz. Auf der anderen Seite gibt es Verfechter der sozialen Austauschtheorien, welche eher die Bedeutung des sozialen Kapitals betonen, den „methodischen Individualismus“ hingegen ablehnen oder zumindest kritisch betrachten. So sieht Kappelhoff (1995) soziale Interaktionen zwar als Tausch, unterscheidet aber analytisch zwischen Tauschhandlungen,

Tauschbeziehungen, Tauschsystemen und Tauschmoralitäten. Tauschbeziehungen werden dabei als in Sozialstrukturen eingebettet betrachtet, die von ökonomischen, sozialen, aber eben auch moralischen Aspekten abhängen (Kappelhoff 1995, S. 6): „Tauschsysteme können (...) durch ihr erfolgreiches Funktionieren die sie steuernde Tauschmoralität reproduzieren und damit ihre eigene Überlebensfähigkeit sichern". Daraus folge, dass „Tauschsysteme Gelegenheiten zum moralischen Handeln anbieten müssen, wenn sie eine entsprechende Tauschmoralität erhalten wollen" (S. 11).

Was den Bereich der nicht-pädagogischen Führung betrifft, so konnte insbesondere mit den Untersuchungen im Anschluss an die sogenannte Leader-Member-Exchange-Theorie (Graen & Uhl-Bien 1995) – auch „LMX" genannt – gezeigt werden, welche unterschiedliche Qualität Austauschbeziehungen zwischen Vorgesetzten und Mitarbeitern aufweisen können, vor allem hinsichtlich der Frage, ob neben den formellen Einflussmöglichkeiten auch informeller Ein-fluss möglich ist. Das Stichwort hieß zunächst „Empowerment", Keller und Dansereau (1995) definieren diese als wahrgenommene Kontrolle aus Sicht des Untergebenen. Dazu ein Beispiel von Judith Kruse:

> „Ein Mitarbeiter signalisiert, dass er die Entwicklung einer sozialen Austauschbeziehung anregen will, indem er gewissenhaft arbeitet und sich für Zusatzaufgaben anbietet. Wenn er dann keine entsprechende Gegenleistung erhält, führt das zu der Wahrnehmung, dass er den Austausch nicht kontrolliert. Er fühlt sich machtlos im Bemühen um Gestaltungsspielraum und Steigerung seines Selbstwerts, seine Versuche, diese Tauschelemente zu erhalten, sind fruchtlos." (Kruse 2003, S. 7)

Diese Konstellation, d.h. die Bemühung um Intensivierung der Austauschbeziehung, ist auch für Schule und Unterricht typisch, wie mit dem ersten der fünf oben genannten Beispiele aus der Schule illustriert werden sollte. Im Sinne der LMX-Theorie (Graen & Uhl-Bien 1995; Gerstner & Day 1997) kann man sagen, dass beide Beispiele für vergebliche Versuche stehen, die Qualität des Austausches – „von unten" – zu verbessern. Diese Qualität kann mit den Kategorien „hoch", „mittel" und „tief" untergliedert bzw. beurteilt werden. Ein „low-quality LMX" meint den rein verhaltensökonomisch motivierten Austausch (Vorgesetzte/Lehrpersonen geben Anweisungen, Untergebene/Schülerinnen und Schüler erfüllen sie: „Dienst nach Vorschrift"). Bei einem „moderate LMX" ist der Austausch mehr als nur „vertraglich" bzw. „formell", d.h. es werden – in begrenztem Maße – auch persönliche Ressourcen ausgetauscht. Ein „high-quality LMX" bezeichnet demgegenüber eine soziale Austauschbeziehung mit gegenseitigem Verpflichtungsgefühl und ausgeprägtem Vertrauen.

Der Leader-Member-Exchange-Ansatz stellt aus mindestens drei Gründen eine Erweiterung von klassischen Führungstheorien dar: erstens werden auch individuell ausgehandelte, dyadische Beziehungen zwischen Vorgesetzten und Mitarbeitern oder Mitarbeiterinnen fokussiert, zweitens gibt es vielfache und plausible Bezüge zu Führungsstil- und Rollen-Konzepten sowie zum Konzept der situativen Führung und drittens wird auch die Entwicklung der Beziehung zwischen den Beteiligten beachtet. Während Lehrpersonen bzw. Vorgesetzte sowohl auf formeller als auch informeller Ebene Einfluss ausüben können, ist diese Möglichkeit für Geführte in der Regel auf den informellen Bereich beschränkt. Das Hauptproblem besteht deshalb vor allem darin, dass die Austauschpartner entweder zu wenig oder aber zu viel Macht besitzen. Während bei mangelnder Macht mit Reaktanz und Widerstand gerechnet werden muss, wird von den LMX-Vertretern gerne behauptet, „high-quality LMX“ – also hohe wahrgenommene Kontrolle – führe zu Leistungssteigerung, zu Arbeitszufriedenheit, zu einem größeren Verpflichtungsgefühl, zu größerer Innovationsfreudigkeit, zu mehr sogenanntem Organizational Citizenship Behavior (OCB) und zu einer geringeren Kündigungstendenz (Graen & Uhl-Bien 1995; Kruse 2003).

„Privilegiert sein“ – sozialer Austausch aus theoretischer Sicht

In der letzten Zeit wurde im Anschluss an Erkenntnisse aus der PISA-Studie und anderen Studien versucht, Modelle zu entwerfen und zu prüfen, mit welchen die Logik der Bildungsübergänge und der Bildungsentscheidungen besser verstanden werden kann. Zum einen werden soziologische Modelle rationaler Wahlentscheidungen vorgeschlagen, mit denen der Zusammenhang zwischen den Aspekten (a) Ressourcen sozialer Herkunft (ökonomisches, kulturelles und soziales Kapital), (b) primäre Herkunftseffekte (schulische Performanz), (c) sekundäre Herkunftseffekte (Kosten- und Nutzenkalkulation) und der (d) Bildungsentscheidung erfasst werden soll (vgl. Becker & Lauterbach 2004, S. 12). Zum anderen gibt es psychologische Wert-Erwartungs-Modelle, die den Theorien des sozialen Austausches nahe kommen und welche die (a) Ressourcen der sozialen Herkunft und (b) die schulischen Leistungen des Kindes an die (c) individuelle Erfolgserwartung

(Beurteilung der Realisierungschancen), (d) die Kosten und Erträge der Bildungsalternativen (monetäre und nichtmonetäre Kosten, Motiv des Statuserhalts, genereller Wert von Bildung, Ausbildungs- und Berufschancen) und (e) die Bildungsentscheidung geknüpft werden (vgl. Maaz, Hausen, McElvany & Baumert 2006, S. 310). Mit solchen Modellen, eher gedacht für große Datensätze, können die kommunikativen und strategischen Interaktionen und Austauschbeziehungen der maßgeblichen Akteure in der Schule, nämlich der Lehrpersonen und der Schülerinnen und Schüler, nur begrenzt erfasst werden, wiewohl dies nicht unmöglich ist.

Zu den zentralen Fähigkeiten, die den gezielten Tausch von Ressourcen erfolgversprechend machen – heute auch „Selbst-" und „Sozialkompetenzen" genannt –, gehören:

(a) Die Gegenseite beobachten und erkennen können, wie es um deren Ressourcen für Handlungen oder Handlungsunterlassungen steht, die für das Ego von Bedeutung sind;
(b) die Fähigkeit, die Darstellung der eigenen Person zu kontrollieren und den sozialen Erwartungen anzupassen;
(c) die Fähigkeit, die eigenen Wünsche der Situation anzupassen.

Die strategischen Passungsleistungen könnte man durchaus auch als oder im Sinne von „Assimilations- und Akkommodationsprozessen" bzw. „-leistungen" im Sinne Piagets (2003/1970) oder als „identitätsfördernde Fähigkeiten" im Sinne Krappmanns (2000/1969) begreifen (namentlich Rollendistanz, „role taking" und Empathie, Ambiguitätstoleranz und Identitätsdarstellung) und generell den strategischen Nutzen von „sozialen Kompetenzen" und „sozialen Kognitionen" beleuchten. Jedenfalls kann man spezifische Fähigkeiten des Selbst- und Beziehungsmanagements kennzeichnen, und es steht außer Frage, dass diese Fähigkeiten auch in der Schule und vor allem im Unterricht eingesetzt, gelernt und vertieft bzw. subtilisiert werden. Wer weiß, was dem Lehrer gefällt, der schafft sich günstigere Tauschbedingungen als wer dies nicht weiß – und vielleicht nicht einmal weiß, was er eigentlich selber will.

Gehorchen als Tauschakt

Wer in einem günstigen Bildungsumfeld lernen und leben darf, wird es darüber hinaus leichter haben, auch den persönlichen Nutzen aus Unterricht und Schule zu optimieren, wenn nicht gar zu maximieren (wenn nicht von allein: die Eltern werden helfen). Das austauschtheoretisch rekonstruierbare schulische und unterrichtliche Funktionieren hängt, wie eine weithin ignorierte Binsenwahrheit zu berichten weiß, von zwei Sorten von Autorität ab: Sach- und Führungsautorität der Lehrperson (vgl. Helmke 2003, S. 78–84). Autorität kann als Tausch-verhältnis begriffen werden. Jedes Anerkennungsverhältnis stellt eine Form von Austausch immaterieller Güter dar, und Anerkennungsverhältnisse zerbrechen, wenn die Erwartungen, die aus einem offerierten (immateriellen) Gut, z. B. Vertrauen, allzu stark enttäuscht werden.

Zwar gilt für asymmetrische Konstellationen jeweils, dass wer gehorchen muss, nicht zustimmen kann, und wer befehlen kann, nicht argumentieren oder auf Argumente hören muss (vgl. Kopperschmidt 1980). Dennoch kann Gehorchen als sozialer Tauschakt begriffen werden, dessen Vollzug voraussetzungsreich ist. Nicht zuletzt geht es in vielen pädagogischen Situationen um die Fähigkeit, Belohnungsaufschub ertragen zu können. Diese Fähigkeit besteht darin, sich künftigen höheren Gewinn oder geringere Kosten gegenüber momentanem geringem Gewinn oder höheren Kosten vorstellen und entsprechend gewichten zu können. Ein kleines Kind, impulsiv und in seiner Egozentrik steckend, ist zu beidem nicht fähig. Deshalb ist seine Unterrichtung nur begrenzt möglich. Aber auch ältere Kinder oder Jugendliche können mit dieser Gewichtung, berechtigt oder nicht, große Mühe haben, und der kurzfristige Nutzen, der aus der Verweigerung einer pädagogischen Handlungsanweisung resultieren kann, mag erheblich größer erscheinen als der unsichere, zukünftige Gewinn oder Nutzen, der durch Gehorsam in der Gegenwart, durch Befolgen der mehr oder weniger subtilen Handlungsanweisung, suggeriert oder vermutet wird.

In einer Seminarsitzung meinte ein Student (hier paraphrasiert): „Diese Lehrerin stellte für mich eine Autorität dar, weil sie an mich glaubte.“ Seine Mathematiknoten hätten sich damals mit der neuen Lehrerin innerhalb eines Jahres wesentlich verbessert. „Ich machte, was sie von mir wollte, weil sie mir das Gefühl gab, an mich zu glauben, und das habe ich vorher in Mathematik nicht erlebt.“ Verstehen wir diese Aussage als eine Beschreibung eines sozialen Austausches, so könnte man reformulieren:

> „Du gibst mir das Gefühl, an mich zu glauben (du hilfst mir, mein mathematisches Selbstwirksamkeitsgefühl zu erhöhen) – ich gebe dir dafür meinen Gehorsam.“

Ein solcher Tausch könnte auch als einseitige oder mutuelle Täuschung funktionieren:

> „Du gibst vor, an mich zu glauben, dafür tue ich so, als ob ich mich für Mathematik interessieren würde."

Oder:

> „Du täuschst vor, an meine Fähigkeiten in Mathematik zu glauben, das ist nett von dir, dafür tue ich so, als ob ich mich für Mathematik interessieren und deine Handlungsanweisungen befolgen würde."

Als Beispiel für Mutualität aus der Perspektive der Lehrperson:

> „Da ihr so tut, als ob ihr euch für Mathematik interessieren würdet – und das rechne ich euch hoch an, denn ich weiß, dass ihr keinen Nutzen in der Mathematik erkennen könnt –, gebe ich euch nicht nur das Gefühl, dass ihr eine tolle Klasse seid, sondern ihr kriegt auch tendenziell bessere Noten."

Gute Noten für gezeigtes Interesse – kein schlechter Tausch. Man kann viele Aspekte des Unterrichts als eine Form des Tausches interpretieren und man kann die typischen Inszenierungen als Täuschungen kritisieren. Man kann Unterricht mitunter auch als einen Tausch von Täuschungen, als ein sich gegenseitiges Täuschen bzw. auch als Vortäuschung von Tauschverhalten oder Tauschakten verstehen. Jeder dieser Fälle kann bildungsrelevant sein, und zwar durchaus nicht nur in einem negativen Sinne. Nicht nur der Nutzen, sondern auch die bildungsrelevanten Wirkungen vorgetäuschten Interesses, vorgetäuschten Wissens, vorgetäuschten Gehorchens bzw. Autoritätsanerkennung mögen vielfältig sein. Dies hat weniger mit dem „heimlichen Lehrplan" zu tun und noch weniger mit „Heimlichkeit", viel eher mit stillschweigenden Einverständnissen (wie sie typisch sind für Langzeitbeziehungen).

Inszenierungen: Didaktik des Scheins

Es kann also nicht „bloß" um eine „Als-ob-Didaktik" (vgl. Hendrick 2004) gehen, welche eher eine bedeutsame Haltung im Umgang mit Unsicherheit bezüglich Wichtigkeit und Relevanz des Lerninhaltes und mit dem Desinteresse der Schüler beschreibt. Nicht allein die Haltung interessiert, sondern vielmehr der Tausch von Haltungen bzw. Inszenierungen (d.h. vorgetäuschten Haltungen). Der Schüler, der im Unterricht auf die Handlungsanweisungen der Lehrperson in einem positiven und produktiven Sinne eingeht, „als ob er sich für die Sache interessierte" (Hendrick 2004, S. 204; Oelkers 2003, S. 67f.), lässt sich sozusagen auf einen Tauschhandel ein, ob er das weiß oder nicht. Seine Haltung (Offenheit, Neugierde, Lernbereitschaft) ist ein gutes Angebot und er sollte dafür auch eine angemessene Gegenleistung erwarten dürfen (ein interessantes Thema, neue Einblicke, Erwerb neuer Fähigkeiten). Macht er kein gutes Angebot bzw. lässt er sich auf keinen Handel ein, wird er früher oder später auch darauf behaftet werden. Der Tausch wird als unfair erlebt und die Austauschbeziehung leidet darunter oder bricht gar zusammen.

Zur Als-ob-Mentalität der schulischen Lernsituation gehört die Inszenierung, etwa die Notwendigkeit, dass die schulischen Lehrinhalte immer als wichtig zu betrachten sind. Es ist nötig, dass die Lehrperson so tut, als sei das Wissen, das Gebiet, welches sie lehrt, von (großer) Bedeutung. Nicht dass die Schüler dies unbedingt glauben sollen – sie sollen vielmehr unbedingt glauben, dass die Lehrperson dieses Wissen für (sehr) wichtig hält. Entsteht bei den Schülern das Gefühl, der Lehrperson sei gleichgültig, was sie lehrt und ob gelernt wird oder nicht, so verliert sie ihre fachliche Autorität, die ihr vielleicht zuvor unterstellt worden ist, in Kürze. Die Ernsthaftigkeit und Autorität der Lehrperson zeigt sich wesentlich am Fach- und Sachbezug. Die logotrope Dimension des Unterrichtens hat die Funktion, die Sache als wichtig erscheinen zu lassen. Zur Dramaturgie des Erscheinens gesellt sich eine dramatische Architektonik des Wissens: wer A nicht begreift, wird B niemals verstehen können. Zur Invarianz der Lehr- und Lernschritte – sei sie behauptet, sei sie triftig – gesellt sich als weiterer Aspekt zur Stärkung der Autorität des Wissens manchmal die behauptete oder mit guten Gründen erhoffte Transferwirkung (Transfer = Nutzen). Ohne diese Inszenierungen und mehr oder weniger wechselseitigen Täuschungen, auf die ja meist auf allen beteiligten Seiten bereitwillig eingegangen wird, wäre Unterricht kaum denkbar.

Wir können pädagogische Autorität also als mehr oder weniger gelungene Tausch- und Täuschungsmanöver begreifen. Dabei ist davon auszugehen, dass es meist auch einen unmittelbaren Nutzen des Befolgens von Handlungsanweisungen geben kann. Während die Kosten des Gehorchens in der Regel in der Freiheitsbeschränkung in Form der Einschränkung unmittelbarer Bedürfnisbefriedigung liegen, mag der Nutzen des Gehorchens u.U. in der Sicherheit liegen, in einer Form von „Geborgenheit", in der Erwartbarkeit und Kontrolle, in der Entlastung von Verantwortungszumutungen u.v.a.m., also in der Befriedigung zentraler Motive, die keineswegs nur Kindern vorbehalten sind.

Tausch von Täuschungen

Die Fähigkeit, die anderen zu täuschen, sich selbst zu täuschen, u.a. gerade dadurch, dass man andere zu täuschen meinen muss, mag also durchaus produktive Konsequenzen nach sich ziehen (vgl. Sommer 1992; Sullivan 2004; Taylor 1993; Taylor & Brown 1988). Schulische Inszenierungen als inauthentisch zu kritisieren ist leicht, aber der Ertrag solcher Kritik ist gering. Besser wäre es, schulischen Unterricht als ein relativ artifizielles, aber da sehr verbreitet: normales Interaktionsgeschehen zu verstehen, welches nur sehr bedingt freiwillig zustande kommt. Der Zwangscharakter der Schule und des Unterrichts, der ja mitunter nur durch die Beziehungen, den sozialen und emotionalen Support, der aus der Gemeinsamkeit resultieren mag, erträglich wird, schlägt sich nieder in Strategien, mit welchen die mit Schule immer verbundenen notwendigen und nicht notwendigen Übel ausgehalten werden können. Auch wenn es hervorragenden Unterricht gibt und vielleicht sogar fast dauerinteressierte Schüler, so ist der schulische Unterricht doch oft langweilig. Vieles von dem, was getan werden muss, wird als sinnlos erlebt oder beurteilt. Zum Glück bleibt dieser Sinn oder Zweck: die Prüfung und die Noten. Ohne dieselben wäre die Sinnlosigkeit des Tuns mitunter kaum zu ertragen. Es ist leicht zu akzeptieren, „nur" für die Prüfung zu lernen, wenn ich nur glauben kann, dass ich für dieses leidige Tun auch etwas bekomme, was mir in der einen oder anderen Form „etwas bringt". Denn auch wenn ich jetzt nicht erkennen kann, was das alles soll, so ertrage ich den fehlenden Sinn ja nur, wenn er sich als ein künftiger Sinn oder zumindest als Nutzen am Horizont verspricht. Dass es nicht gelingt, den Sinn in der Tätigkeit selbst zu erkennen, mag ein häufiges Phänomen schulischen Lernens, aber auch Lehrens, sein, wenn aber zusätzlich überhaupt keine Erwartungen mehr an diese Tätigkeit gebunden werden können, und seien sie scheinbar bloß „instrumenteller" Natur, dann wird das schulische Geschäft für alle Beteiligten eine mühselige Angelegenheit. Wem es aber gelingt, sein Lernen zumindest zu instrumentalisieren, d.h. in einen Tauschhandel zu verwickeln, für den besteht die Chance, dass ihn die Materie, die den Anlass des Tausches darstellt, früher oder später interessieren wird. Für diesen Tausch bedarf es der Täuschung.

Dass die Täuschung ein wichtiges Mittel nicht nur des Überlebens, sondern auch des Lebens und Wohllebens darstellt, scheint für Täuschungstheoretiker insgesamt klar zu sein. „Deception is an essential component of our ability to organize and shape the world, to resolve problems of coordination among individuals who differ, to cope with uncertainty and pain, to be civil and to achieve privacy as needed, to survive as a species, and to flourish as persons" schreibt Nyberg (1996, S. 187). Zu den Täuschungsstrategien gehören Buller und Burgoon (1996) zufolge:

(a) Verfälschen und Irreführen („falsification")
(b) Verschweigen und Verbergen („concealment")
(c) Zweideutiges, ausflüchtiges Reden bzw. Wortverdrehen („equivocation")

Die Autoren zeigen, dass – im Gegensatz zur landläufigen Meinung – kommunikatives Täuschungsverhalten nur schlecht erkannt wird und dass insbesondere das nonverbale Verhalten kaum reliable Aufschlüsse gibt. Nyberg (ebd., S. 198 f.) unterscheidet acht Arten des Täuschens, vier Arten des aktiven Täuschens (1a–1d) und vier Varianten des passiven Täuschens, also des Täuschungen-geschehen-Lassens (2a–2d).

1a Dazu beitragen, dass jemand etwas Unwahres glaubt.
1b Dazu beitragen, dass jemand seinen Glauben an etwas Unwahres aufrechterhält.
1c Dazu beitragen, dass jemand den Glauben an etwas Wahres aufgibt.
1d Dazu beitragen, dass jemand etwas Wahres nicht glauben kann.
2a Zulassen, dass jemand etwas Unwahres zu glauben beginnt.
2b Zulassen, dass jemand seinen Glauben an etwas Unwahres aufrechterhält.
2c Zulassen, dass jemand seinen Glauben an etwas Wahres aufgibt.
2d Zulassen, dass jemand weiterhin ohne Glauben an etwas Wahres verbleibt.

Alle diese Täuschungsstrategien kommen freilich auch im Alltag von Schule und Unterricht vor. Für jede dieser acht Möglichkeiten lassen sich moralisch bedenkliche Bespiele finden, aber auch Situationen, in denen die Strategie durchaus aus moralischen Gründen normativen Charakter aufweisen kann. Es sind dies Situationen, in welchen die Insuffizienz diskursethischen Begründens und Empfehlens evident wird, typischerweise auch professionsethisch bedeutsame Situationen.

Die Gründe für moralisch legitime bzw. nicht notwendigerweise illegitime Täuschungsmanöver sind vielfältig: Während der Glaube an Unwahres nicht nur nicht immer schadet, sondern sogar positive Wirkungen haben mag, kann die Kenntnis der Wahrheit destruktive Wirkungen haben, deren Vermeidung möglich und ethisch vertretbar sind. Es ist m.E. eine reizvolle, aber noch ausstehende, Arbeit, die Thematik des Täuschens in pädagogischer Hinsicht zu systematisieren und zu versuchen, Kriterien für legitime und illegitime Formen des Täuschens (und vielleicht auch des Tausches) im schulischen Kontext zu formulieren und diskutieren.

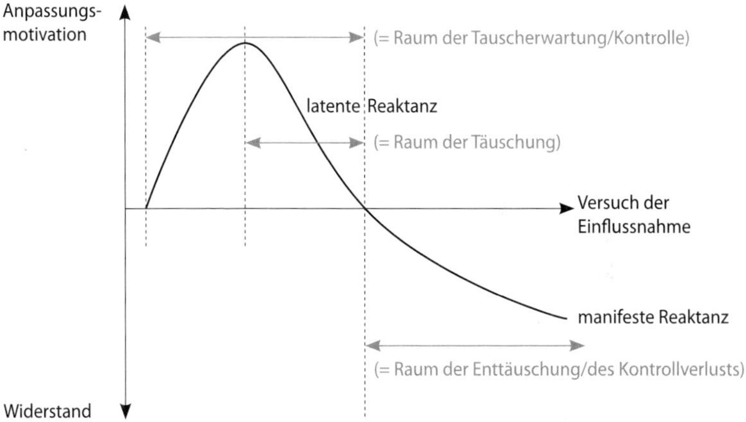

Abb. 2: Abnahme der Anpassungsmotivation als latente Reaktanz und Ort der Täuschung

Im Sinne einer Weiterführung der Abbildung 1 kann nun auch der Zusammenhang zwischen Anpassung und Widerstand einerseits und Tausch und Täuschung andererseits erläutert werden (vgl. Abb. 2). Während die positive, noch durch kein oder kaum reaktives Verhalten geprägte Anpassungsmotivation die „offene" Zone des Tausches darstellt, transformiert sich diese Zone mit der latenten Reaktanz bei zunehmender Einflussnahme in die weniger transparente Zone des „Tausches und der Täuschung" (= wahrscheinlich die schulische Normalzone). Wo aber weder Tausch noch Täuschung mehr möglich sind, kommt es zum offenen Problem, vielleicht sogar zum Konflikt. Wo weder Tausch noch Täuschung sind, ist auch kein („normaler“) Unterricht mehr möglich (vgl. Abb. 2).

Allerdings ist im Sinne der Leader-Member-Exchange-Theorien davon auszugehen, dass die Qualität der schulischen Dyaden zwischen Lehrperson und Schülern oder Schülerinnen diesbezüglich ganz unterschiedlich ausfallen. Während eine Person A eine relativ hohe Anpassungsmotivation zeigen mag, die bei geringer zusätzlicher sozialer Einflussnahme schnell absinkt, mag Person B nur schwer zu motivieren sein (benötigt also wesentlich mehr Einfluss, um das erwünschte Verhalten zu zeigen) und zeigt ihre höchste Anpassung u. U. unter Bedingungen, unter welchen die latente Reaktanz von A schon in manifeste Reaktanz umschlägt. Solche Differenzen machen den Unterricht für Lehrpersonen mitunter zu einem schwierigen Unterfangen.

Die Qualität von Austauschprozessen zwischen Lehrpersonen und Schülern, so sollte hier argumentiert werden, ist auch – aber sicher nicht ausschließlich – ein Produkt strategischer Kompetenz bzw. der Geschicklichkeit der Schülerinnen und Schüler (und der Lehrpersonen). Geschicklichkeit im Umgang mit Lehr-Lern-Zumutungen könnte ein weiteres wichtiges Element bzw. empirisch gesprochen: eine zu untersuchende Variable sein, um das Verständnis der Etablierung, Verfestigung und Ausweitung von Bildungsungleichheiten in prozessualer Hinsicht weiter zu vertiefen.

Ausblick: Bildung als Horizont – drei Variationen zu einem alten Thema[24]

Abschließend sei jene Dimension von Schule aufgegriffen, welche oberflächlich betrachtet ganz zentral zu sein scheint, bei näherer Betrachtung aber nicht so eindeutig zu verorten ist. Hinsichtlich eines starken und emphatischen Sinns von Bildung – Bildung als Personwerdung – kann man sogar recht triftig argumentieren, dass dies sicher nicht offizielle Sache oder Auftrag der Schule sein könne und müsse. Denn Personen müssen alle für sich selber werden. Auf der anderen Seite ist schulisches Lernen im Wesentlichen ein Aneignen von Wissen und Können, von welchem – zumindest implizit – nicht nur erhofft wird, dass es nützlich und dienlich für das Handeln und Verhalten des Einzelmenschen ist, sondern das ihn gleichzeitig zu einem bewussten Teil der Kulturwelt (im allgemeinsten Sinne) werden lässt. Die Beschäftigung mit der Welt (und was von ihr gewusst und was in ihr gemacht werden kann) verändert – so die nicht unberechtigte Annahme – den Menschen selbst, d.h. seine Sicht zunächst auf die Natur, die Kultur, die Gesellschaft, die Anderen und auf sich selbst. Diese Transformationsprozesse sind im Grunde auf doppelte Weise „subversiv", in dem Sinne, dass sie sich der souveränen Kontrollierbarkeit entziehen: *Erstens* kann der Mensch nicht – „von außen" – gebildet werden, sondern er muss *sich* letztlich immer *selbst* bilden, kann dabei freilich mehr oder weniger gut unterstützt und mehr oder weniger vielfältig stimuliert und inspiriert werden. *Zweitens* sind ihm die Veränderungsprozesse selbst *nicht verfügbar*; das heißt, er kann nicht darüber bestimmen, *wie* ihn eine bestimmte Lektüre, eine Krankheit, eine Begegnung, eine Partnerschaft, ein Studium tangieren und verändern wird. Er kann aber in ein Verhältnis zu sich selbst, d.h. zu diesen nicht-souveränen Prozessen und Erfahrungen, treten, welches ihm zu einer prinzipiell nicht-abschließbaren Lebensaufgabe wird und dadurch sein Leben bereichert und längerfristig vor niederschmetternden Gefühlen der Leere und Sinnlosigkeit bewahrt.

Die folgenden drei kleinen Variationen zum Thema Bildung – in einem etwas emphatischeren Sinne – sind dennoch keineswegs losgelöst von

[24] Vgl. dazu Reichenbach (2010a).

Schule und schulischer Bildung. Vielmehr kann Schule die Grundlage dafür bilden, dass Menschen in dieses selbstreflexive und durchaus nicht eigennützige Verhältnis eintreten können.

Erste Variation: Vögel ohne ornithologische Kenntnisse

Vögel benötigen zum Fliegen bekanntlich keine ornithologischen Kenntnisse. Spätestens seit Polanyis Veröffentlichungen zur Bedeutung des impliziten Wissens (1985 bzw. 1966) ist dieses Bonmot höchstens noch unterhaltsam, aber inhaltlich nicht mehr erhellend. Das auf Diltheys Begriff der Einfühlung beruhende Konzept des impliziten Wissens umschreibt in der Regel ein nicht artikulierbares oder (noch) nicht artikulationsfähiges Können (vgl. Neuweg 2006), für welches im Französischen für manche Bereiche – etwa den guten sozialen Umgang – die schöne Wortwendung savoir-faire benützt wird. Es ist keine neue Ein- und Ansicht, dass Bildung nicht bloß im Zusammenhang mit expliziten und objektiven bzw. objektivierten Wissensbeständen und -fragmenten gedacht werden kann und soll, also bekanntlich kein „Arsenal", sondern vielmehr „Horizont" ist (Blumenberg 1998, S. 25). Die Pointe dieser griffigen Formel besteht allerdings nicht darin, dass Unwissen einfach hinzunehmen oder sogar bildungswirksam sei, sondern vielmehr darin, dass es auf die vielen Einzelaspekte des Wissens paradoxerweise gerade auch dann nicht ankommt, wenn das Wissen, das man sich vielleicht zunächst mühsam angeeignet hat, vergessen, verloren und vielleicht ganz vernichtet worden ist. Das Vergessene – so die nun ins Positive gedrehte Deutung – sei nicht umsonst gelernt worden! Auch heute stößt man immer wieder auf eine Variante dieser Sicht, nämlich dann, wenn im Sinne einer formalen Bildungstheorie bzw. auch des neuhumanistischen Gedankens der Kräftebildung betont wird, es komme vor allem auf den Prozess der Aneignung und nicht darauf an, ob das Angeeignete auch längerfristig erinnert werden könne. Damit meint man, die (nicht nur) tendenzielle Sinnkrise insbesondere des schulischen Lernens möglicherweise abmildern zu können; als Bildungsprodukt, heißt es dann, bleibe nicht Wissen, sondern Fähigkeit (bzw. Kompetenz) übrig. Das wäre die optimistische Einschätzung des schulischen Lernens hinsichtlich des „trägen" Wissens. Wirkung wird offenbar erzielt, doch wer oder was für sie verantwortlich ist oder verantwortlich gemacht werden kann bzw. will, mag strittig bleiben. Freilich bleibt – einmal vom radikalen Wissensverlust abgesehen, dieser im Grunde maßlosen Vernichtung des millionenfach Gelernten – ja doch erstaunlich viel in Erinnerung. Dennoch stellt das Erinnerte wohl nur einen Bruchteil des Schulwissens dar, welches als „träges“ Wissen – Bildungsschrott – diffamiert wird. Während nun Vögel, wären sie so ausgestattet, dass sie schülerhaft unbrauchbares Wissen aufnehmen könnten, damit wahrscheinlich ihre Flugfähigkeit verlören (denn wäre dann nicht der Kopf zu schwer?), kann der Mensch dieselbe weder durch träges noch ornithologisches Wissen erlangen, und man ist erstaunt, wie viele Ornithologen und wie noch viel mehr Hobby-Ornithologen es doch gibt, wo doch der individuelle Nutzen, in ornithologischen Fragen extrem gut informiert zu sein, für die meisten Menschen relativ gering ist. Der von trägem Wissen beseelte Hobby-Ornithologe widmet sich den diversen Vogelarten – rund 10.000 Arten sollen es sein, ein weites Feld also, das umfassend kaum zu beackern ist – interesselos, d.h. er will mit diesem Wissen nicht unbedingt etwas „anfangen“, er will es nicht verkaufen, vielleicht nicht einmal vor Kollegen aufschneiden, welche der gleichen Leidenschaft frönen, und will damit auch nicht die Welt verändern oder verbessern. Die Aneignung dieses unnützen Wissens ist aber doch von einem Willen zur Erkenntnis geprägt, genauso wie wenn ein Kind oder eine Schülerin alles über Dinosaurier, Habsburger oder Filmstars wissen will. Der Dominanz des Verfügungswissens im Diskurs über schulische Bildung scheinen Schülerinnen und Schüler in ihrer Freizeit glücklicherweise weniger unterworfen zu sein.

Zweite Variation: Sich orientieren können

Im Unterschied zum Verfügungswissen sind Reflexionswissen und vor allem Orientierungswissen in den letzten Jahrzehnten im Bildungsdiskurs offenbar in den Hintergrund getreten. Dabei handelt es sich um Wissensformen, welche u.a. die Befähigung zur Beurteilung von Berechtigungsgründen des Tuns zu fördern scheinen. Dennoch kann man guten Grundes die Auffassung vertreten, wonach für Bildung – in einem normativen Sinn – die Gleichberechtigung und Verbundenheit von jeweiligem Sachwissen, technisch-methodischem Verfügungswissen und ethisch-kulturellem Orientierungswissen entscheidend ist. So ist für menschliches Handeln konstitutiv, dass dasselbe vor einem Wert-Horizont realisiert wird (und verstanden werden kann), welcher durch starke qualitative Unterscheidungen geprägt ist (Taylor 1996). Die Raummetapher „Orientierung“ steht – wenn auch nicht ausschließlich – für den moralisch-ethischen „Raum“, in welchem das Konzept der Identität überhaupt erst Sinn macht. Daher überraschen die für den Identitätsdiskurs typischerweise raummetaphorisch strukturierten Fragen wie „Wo stehe ich?“ oder „Wo will sie hin in ihrem Leben?“ wenig. Das inhärente Telos der Bildung – oder wer sich mit dem teleologischen Denken gar nicht (mehr) anfreunden mag: das „Nebenprodukt“ der Bildung –, nämlich die Bildung der Person, kann ohne die epistemische Komponente bzw. die Wissensdimension gar nicht verstanden werden. Dass die „Verknüpfung unsres Ichs mit der Welt (...) auf den ersten Anblick nicht nur ein unverständlicher Ausdruck, sondern auch ein überspannter Gedanke“ sei, formulierte freilich schon Wilhelm von Humboldt selbst (1903/erstmals 1793, S. 284). Gemeint ist damit („bloß“), dass Selbstbildung die Folge der Auseinandersetzung mit (der) Welt ist, wobei „Welt“ bei Humboldt für alles steht, was Nicht-Ich ist.

Nun ist allerdings die Frage, wo wir uns im Raum der Werte und Wertungen befinden, im Unterschied zur Frage nach der räumlichen Orientierung, nicht neutral. Wir können uns ihr gegenüber nicht gleichgültig verhalten in dem Sinne, dass wir jede Antwort, sofern sie uns nur „zu einer wirksamen Orientierung verhilft, als befriedigend gelten lassen, egal, in welcher Entfernung vom Guten sie uns platziert“ (Taylor 1996, S. 84). Vielmehr ist das, was wir wollen, eine Nähe zu dem, was wir als gut, richtig und wichtig empfinden. Insofern wir qualitative Unterscheidungen treffen, heißt dies, dass es für uns von Bedeutung ist, welchen Standort wir im Verhältnis zu unseren Unterscheidungen einnehmen. Die rückhaltlose oder tiefschürfende Reflexion darüber führt hingegen eher zu Irritationen. Der Alltag erlaubt es aber oft nicht, den Zweifel an der Güte der Gründe des eigenen Tuns zu überziehen. Darüber hinaus: Warum sollte man dies überhaupt tun, selbst wenn man Zeit und Muße dazu hätte? Und nochmals: Worin besteht der Gewinn, über sich – oder auch über die Welt – sehr gut „informiert“ zu sein? Die Fiktion völliger Selbstdurchsichtigkeit, permanenter rationaler Motiviertheit und heroischer Autonomie bzw. Moral jenseits sozialer Vermittlung ist kaum ein begrüßenswertes oder auch anzustrebendes Bildungsideal, wiewohl es als regulatives Ideal in der modernen Situation seine Bedeutung hat. Von „normalen“ Menschen – dazu zählen im vorliegenden Zusammenhang Menschen ohne supererogatorische bzw. unwahrscheinlich ausgeprägte altruistische Aspirationen – wird nicht die Verwirklichung der eben genannten Bildungschimäre erwartet, sondern die Ausbildung und Verwendung des „gesunden Menschenverstandes". Dabei handelt es sich vor allem um die Bereitschaft(en) und Fähigkeiten, im Gemeinwesen – und nicht völlig unabhängig von ihm – einen eigenen Standpunkt vertreten zu können. Bildungspraxis ist daher vor allem Meinungs- und Wissensprüfung. Die dahinterliegende Idee oder das Ziel des so verstandenen „gesunden" Gebrauchs des Menschverstandes ist – und darin liegt im weitesten Sinne auch seine politische Bedeutung – die Ausbildung des Gemeinsinns. Und so hat auch institutionalisierter Unterricht idealerweise einem Lernen zu dienen, welches etwas anderes darstellen müsste als die „bloße" Aneignung von „trägem" Wissen, nämlich „bildendes" Lernen.

Dritte Variation: Wissen als Weitergabe

Während Sozialisationsprozesse in vielerlei Hinsicht darin bestehen, implizites Wissen – auf implizite Weise – weiterzugeben (vgl. Nonaka & Takeuchi 1997), interessiert bildungstheoretisch vor allem der Wandel von implizitem zu explizitem Wissen. Der Prozess der Externalisierung des Wissens beruht in der einen oder anderen Form meist auf der Bildung von Analogien, Metaphern bzw. mentalen Modellen, welche einen verständigungsorientierten Sinn, zumindest ein verständigungsorientiertes Potenzial aufweisen, ohne welche die Externalisierung des Wissens im Grunde ihren sozialen Sinn verlöre. Mit anderen Worten, Wissen und die Weitergabe des Wissens sind intrinsisch verbunden. „Es gibt", so George Steiner, „keine Gemeinschaft, Religion, keine Disziplin und auch kein Handwerk ohne Meister und Jünger, ohne Lehrer und Lehrlinge, Wissen ist Weitergabe. Im Fortschritt, in der Innovation, wie einschneidend sie auch sein mögen, ist die Vergangenheit gegenwärtig" (2009, S. 167). Doch die Kreation und Weitergabe des Wissens ist auch in den Wissenschaften nicht nur vom Generationswechsel, sondern mitunter auch von Generationenkonflikten geprägt (vgl. Hoffmann 2002). „Meister haben ihre Jünger sowohl psychisch als auch, seltener, physisch zerstört. Sie haben ihren Geist gebrochen, ihre Hoffnungen vernichtet, ihre Abhängigkeit und Individualität ausgebeutet. (...) Umgekehrt haben Jünger, Schüler, Lehrlinge ihre Meister gestürzt, verraten und zugrunde gerichtet. Auch dieses Drama hat sowohl psychische als auch physische Aspekte“ (Steiner 2009, S. 10). Väter, die ihre Söhne und Töchter wenigstens im übertragenen Sinn ermorden, sind natürlich so leidenschaftlich, selbstsüchtig und faszinierend wie die Söhne und Töchter, die sich nur durch Mord und Totschlag von ihrem Vater oder ihrer Mutter, ihrem Doktorvater oder ihrer Doktormutter emanzipieren können. Natürlich wäre aber der rege Austausch zwischen den Generationen, die dadurch auch noch voneinander lernen und sich weiterentwickeln würden, das politisch korrektere Modell. Und prompt schreibt Steiner deshalb: „Die dritte Kategorie ist der Austausch, ein Eros von wechselseitigem Vertrauen und sogar Liebe (…). Auf dem Wege einer Interaktion, einer Osmose lernt der Meister von seinem Jünger, während er ihn unterrichtet“ (ebd.). Doch solche Harmonie ist kitschverdächtig. Dieses Gegenseitig-voneinander-Lernen-Ideal und Lernen-durch-Lehren-Ideal bzw. Lehren-durch-Lernen-Ideal wirkt denn auch nicht ganz aufrichtig. Natürlich heißt beispielsweise das französische „apprendre“ sowohl lehren (apprendre quelqu'un à faire quelque chose) als auch lernen (apprendre quelque chose), doch beim Lehren lehrt der Lehrende zumindest mehr, als er lernt, und beim Lernen lernt der Lernende mehr, als er lehrt!

„Diskurse sind lang, das Leben kurz“ sei hier in Abwandlung an Odo Marquards „Das Prinzipielle ist lang, das Leben kurz“ (Marquard 1981, S. 18) formuliert: Aus diesem Grund hat Bildung letztlich sehr viel mit der Übernahme von Fremderfahrung zu tun. Dieses Übernehmen kann man zwar immer noch konstruktivistisch interpretieren bzw. verklären, wenn es denn unbedingt sein muss, denn Pädagoginnen und Pädagogen, aber längst nicht nur sie, reden gerne und lieber vom ‚eigenständigen' Lernen, ‚selbsttätigen' Lernen, ‚offenen' und ‚eigenaktiven' Lernen. Dass diese Begrifflichkeiten wenig bedeuten, vielmehr wirkungsvolle Überredungsvokabeln sind (vgl. Reichenbach 2004), sei hier nicht weiter beleuchtet, vielmehr sei auf den Tatbestand hingewiesen, wonach Lernen dennoch nur zu einem geringen Teil darin besteht, dass Menschen sogenannte „eigene“ Erfahrungen machen. Es geht wesentlich auch darum, *Fremderfahrungen*, insbesondere natürlich die Erfahrungen der früheren Generationen in Form von Kulturgütern – (implizites und explizites) Wissen –, zu übernehmen. Diese Übernahme ist mitunter auch Erfahrung. In diesem Sinne scheint einiges für die evolutionstheoretische Interpretation zu sprechen, wonach sich die Fähigkeit, von der älteren Generation zu lernen, nur unter der Voraussetzung hat entwickeln können, dass die ältere Generation bereit und in der Lage war, Wissen weiterzugeben, und die nachwachsende Generation ebenso bereit und in der Lage war, Traditionsgut zu übernehmen (Liedtke 1989). Auf Seiten der jüngeren Generation gehört hierzu ein gewisser Vertrauensvorschuss. Weil wichtige Lernerfahrungen der älteren Generationen von der jüngeren kurzfristig oder längerfristig genutzt werden konnten, d.h. sich in der einen oder anderen Form als sinnvoll gezeigt haben, haben sich wohl überhaupt Traditionen herausbilden können. Längerfristig ist Traditionsbildung hingegen nur dann von Vorteil, wenn sie nicht nur Wissen (Tatsachenwissen, Verfügungswissen, Orientierungswissen, Reflexionswissen) aufbewahrt und schützt, sondern genügend flexibel für individuelle Lernprozesse ist, also für Eigenerfahrung. Die Übernahme von Fremderfahrung hat demzufolge auch kritisch erfolgen zu können: Das ist (oder war) der Sinn des Generationenkonflikts.

Die für Bildungsprozesse immer wieder doch nötig erscheinende Anerkennung einer Autorität im intellektuellen Bereich bzw. im Bereich des Wissens heißt Glauben, Anerkennung einer Autorität im voluntativen Bereich heißt Gehorsam. Schule und Hochschule haben lange Zeit davon profitiert, dass der professionellen Autonomie, d.h. der Verantwortung, Kompetenz und damit Autorität von Lehrerinnen und Lehrern, Professorinnen und Professoren vertraut worden ist (vgl. Münch 2009, S. 75). Die Expertenautonomie von Hochschullehrern war unhinterfragt. Heute stehen an ihrer Stelle nicht nur Steuerungsfantasien, sondern konkrete Steuerungsmodelle, welche, wie Richard Münch richtig sagt, das Vertrauen ersetzen durch ein „grundsätzliches Misstrauen, bürokratische Regelungen seien ineffektiv und die Expertenautonomie würde missbraucht“ (S. 75). Damit verlieren „Professoren an Universitäten und Lehrer an Schulen (…) ihre alte professionelle Identität und Autorität und werden in einfachster Weise nach dem Modell der operanten Konditionierung auf die Erfüllung von vorgegebenen Parametern getrimmt“ (S. 77).

Vielleicht sind dazu folgende zusätzliche Bemerkungen erlaubt. Im Zeichen der Reform der Schule, Hochschule, Wissenschaft und Forschung findet momentan wohl ein Generationswechsel statt, der ganz unterschiedlich beurteilt oder auch verurteilt werden kann. Während die „Ablösung der Generationen einen wichtigen potentiellen Katalysator für Veränderungen innerhalb der Wissenschaft“ darstellen kann (Bönker 2002, S. 61), u.a. weil junge Wissenschaftlerinnen und Wissenschaftler „möglicherweise alters- und anreizbedingt produktiver als ihre älteren Kollegen sind“ (ebd.), kann auch das Umgekehrte zutreffen, so dass die Auswirkungen des Generationswechsels auf die Wissenschaftsentwicklung im Grunde nur von Fall zu Fall, „von Disziplin zu Disziplin, Generation zu Generation, Land zu Land“ (ebd.) diskutiert und analysiert werden können. Entscheidend für die momentane Transformation von Schule, Hochschule und Wissenschaft scheint weniger der Generationswechsel zu sein, auch kein Generationenkonflikt, als das, was allen Wissenschaftlern und Lehrerinnen und Lehrern aller Schul- und Ausbildungsstufen momentan geschieht – gleichgültig, welcher Generation sie angehören: „Die Bildung wird den nationalen Eliten (also den Lehrerverbänden, den Bildungspolitikern der Parteien und den Ministerialbeamten) von einer transnationalen Koalition aus Forschern, Managern und Unternehmensberatern aus der Hand gerissen“ (Münch 2009, S. 30). Zu dieser Koalition gehören auch Wissenschaftlerinnen und Wissenschaftler, die – wie alle anderen Menschen – einer Gesetzmäßigkeit unterliegen, die zu besagen scheint: Wer Macht besitzt, wird sie missbrauchen, die Frage ist bloß, wann und in welchem Ausmaß.

In Zeiten, in denen die „alte archimedische Maschine der klassischen Behavioristen“ durch eine „neuronale Maschine“ ersetzt worden ist, „die sich durch Input-Output-Mechanismen in Gang hält, wobei in den meisten Fällen der Input aus den Systemen selbst kommt“ (Meyer-Drawe 2008, S.31), wird die kulturelle Dimension von Wissen und Bildung schon fast systematisch vernachlässigt. Die Autorität und Aufdringlichkeit der kulturellen Güter und des tradierten Wissens lassen sich ableugnen und tendenziell aberkennen, doch der gegenwartszentristische und instrumentalistische Zugang zu Wissen und Bildung, den wir momentan erfahren, entpuppt sich längerfristig als Irrtum. Wer genau zu wissen meint, was Bildung und was Wissen sei, und welches Wissen welchen Zweck habe und wie Bildungsprozesse genau zu fördern seien, versteht wahrscheinlich nicht viel von Wissen und Bildung. Dass die Wissensaneignung bzw. das Wissend-Werden, also Lernen, in pädagogischer Perspektive eine Erfahrung ist (vgl. ebd., S. 15), Erfahrungen aber nur begrenzt Ausdruck menschlicher Souveränität und Aktivität sein können, weil sie immer auch einen passiven Anteil und manchmal sogar die Dimension des Erleidens aufweisen, scheint dem Mainstream des zeitgenössischen Bildungsdiskurses völlig zu entgehen. Es muss – diese normativen Betrachtungen seien zum Schluss erlaubt – einer Kultur bzw. Gegenkultur der Bildung heute wieder vermehrt darum gehen, Bildung als *Horizont* zu verstehen und nicht als *Arsenal*, um nochmals diese Metaphern Hans Blumenbergs zu bemühen. Ein Horizont ist einem aber nicht verfügbar, steckt auch nicht – im Sinne eines Kompetenzmodells – in der Person, sondern situiert und orientiert dieselbe so, wie er die Welt für die Person in eine Perspektive rückt und erweitert. Bildung ermöglicht Menschen als Personen, auf bewusste und, wenn immer möglich, auch selbstbestimmte Weise an der Kultur zu partizipieren – doch die kulturellen Güter selbst haben sie sich ungefragt anzueignen. Die subjektive Aneignung des Objektivierten transformiert Kultur hingegen nicht im Geringsten zu etwas Subjektivem. Denn Kultur ist nicht nur das Anzueignende, sondern auch das Hinzunehmende.

Literaturverzeichnis

Alheit, P. (2000): „Ziviles Wissen“: Fragile Hintergrundstrukturen der Zivilität. In: E. Nuissl, Ch. Schiersmann, H. Seibert & J. Weinberg (Hrsg.): Literatur und Forschungsreport Weiterbildung. Wissenschaftliche Halbjahreszeitschrift. Bielefeld. S. 10–23.

Althof, W., Garz, D., & Zutavern, M. (1988): Heilige im Urteilen, Halunken im Handeln? Lebensbereiche, Biographie und Alltagsmoral. Zeitschrift für Sozialisationsforschung und Erziehungssoziologie. 8. S. 162–181.

Arendt, H. (1994): Was ist Autorität? In dies.: Zwischen Vergangenheit und Zukunft. Übungen im politischen Denken I. München & Zürich, S. 159–200. (Original 1968).

Arendt, H. (1996): Vita Activa oder Vom tätigen Leben. München & Zürich. (Original 1958).

Arendt, H. (1998): Vom Leben des Geistes. Das Denken. Das Wollen. München. (Original 1971).

Ariès, Ph. (1977): Geschichte der Kindheit. München. (Original 1960).

Bauer, K.-O. (1997): Professionelles Handeln in pädagogischen Feldern. Weinheim.

Bayertz, K. (1991): Wissenschaft, Technik und Verantwortung. Grundlagen der Wissenschafts- und Technikethik. In: K. Bayertz (Hrsg.): Praktische Philosophie. Grundorientierungen angewandter Ethik. Reinbek, S. 173–209.

Becker, R. & Lauterbach, W. (2004): Dauerhafte Bildungsungleichheiten – Ursachen. Mechanismen, Prozesse und Wirkungen. In: Dies. (Hrsg.): Bildung als Privileg? Erklärungen und Befunde zu den Ursachen der Bildungsungleichheit. Wiesbaden, S. 9–40.

Bellah, R., Madsen, R., Sullivan, W.M., Swidler, A. & Tipton, S.M. (1996): Habits of the heart. Individualism and commitment in American life. Updated edition with a new introduction. Berkeley a.o. (Original 1985).

Benner, D. (1979): Läßt sich das Technologieproblem durch eine Ersatztechnologie lösen? Eine Auseinandersetzung mit N. Luhmanns und K.-E. Schorrs Thesen zum Technologiedefizit der Erziehung. Zeitschrift für Pädagogik. 25. H. 3. S. 367–375.

Benner, D. (1987): Allgemeine Pädagogik. Eine systematisch-problemgeschichtliche Einführung in die Grundstruktur pädagogischen Denkens und Handelns. Weinheim.

Benner, D. (1994): Studien zur Theorie der Erziehungswissenschaft. Weinheim & München.

Bernstein, B. (2000): Pedagogy, Symbolic Control and Identity. Lanham a.o.

Blais, M.-C., Gauchet, M. & Ottavi, D. (2008): Conditions de l'éducation. Paris.

Blau, P. M. (1964): Exchange and Power in Social Life. New York.

Blumenberg, H. (1998): Begriffe in Geschichten. Frankfurt a. M.

Bokelmann, H. (1970): Pädagogik: Erziehung, Erziehungswissenschaft. In: J. Speck & G. Wehle (Hrsg.): Handbuch pädagogischer Grundbegriffe. München, S. 178-267.

Bollnow, O. F. (1964): Die Pädagogische Atmosphäre. Heidelberg.

Bollnow, O. F. (1988): Theorie und Praxis in der Erziehung. In ders.: Zwischen Philosophie und Pädagogik. Vorträge und Aufsätze. Aachen, S. 77–91.

Bönker, F. (2002): Generationswechsel und wissenschaftlicher Wandel in Politikwissenschaft und Volkswirtschaftslehre Ende der 60er Jahre und heute. In: A. Kinder (Hrsg.): Generationswechsel in der Wissenschaft. Bern u. a., S. 61–71.

Brumlik, M. (2001): Auf dem Weg zu einer pädagogischen Theorie der Tugenden – „éducation sentimentale". In: E. Liebau (Hrsg.): Die Bildung des Subjekts. Beiträge zur Pädagogik der Teilhabe. Weinheim u.a., S. 73–99.

Bruner, J. (1995): The culture of education. Cambridge, Mass.

Brunkhorst, H. (2000): Einführung in die Geschichte politischer Ideen. München.

Buller, D. B. & Burgoon, J.K. (1996): Interpersonal deception theory. Communication Theory. H. 6. S. 203–242.

Buschmeier, U. (1994): Macht und Einfluß in Organisationen. Göttingen.

Carr, D. (1994): Educational enquiry and professional knowledge: towards a Copernican revolution. Educational Studies. 20. H. 1. S. 33–52.

Carter, S. L. (1998): Civility. Manners, Morals and the Etiquette of Democracy. Basic Books.

Casale, R. (2005): Erziehung vor der Moralerziehung. Konversation gegen Kommunikation. In: D. Horster & J. Oelkers (Hrsg.): Pädagogik und Ethik. Wiesbaden, S. 25–48.

Casale, R. (2006): Die italienische Erziehung des bourgeois gentilhomme. Zeitschrift für Pädagogik. 52. H. 4. S. 508–521.

Comte-Sponville, A. (1998): Petit traité des grandes vertus. Paris.

Corsten, M. & Lempert, W. (1992): Moralische Dimensionen der Arbeitssphäre. Literaturbericht, Fallstudien und Bedingungsanalysen zum betrieblichen und beruflichen Handeln und Lernen. Berlin.

Dahrendorf, R. (1959): Homo Sociologicus. Ein Versuch zur Geschichte, Bedeutung und Kritik der Kategorie der sozialen Rolle. Köln, Opladen.

Danner, H. (1985): Verantwortung und Pädagogik. Anthropologische und ethische Untersuchungen zu einer sinnorientierten Pädagogik. Königstein/Ts.

Dekkers, M. (2001): An allem nagt der Zahn der Zeit. Vom Reiz der Vergänglichkeit. München. (Original 1997).

deMause, L. (Hrsg.) (1992): Hört ihr die Kinder weinen? Eine psychogenetische Geschichte der Kindheit. Frankfurt a.M. (Original 1974).

Derbolav, J. (1985). Thesen zu einer pädagogischen Ethik. Pädagogische Rundschau. H. 39. S. 255 ff.

Deutsche Shell (2002): 14. Shell Jugendstudie (Koordinatoren: K. Hurrelmann & M. Albert). Frankfurt a.M.

Dewey, J. (1907): The School and Society. Chicago.

Dickenberger, D., Gniech, G., Grabitz, H.-J. (1993). Die Theorie der psychologischen Reaktanz. In: D. Frey & M. Irle (Hrsg.): Theorien der Sozialpsychologie, Bd. 1. Bern u.a. S. 243–274.

Diedrich, M., Abs, H. J. & Klieme, E. (2004): Evaluation im BLK-Programm Demokratie leben und lernen: Skalen zur Befragung von Schüler/-innen, Lehrer/-innen und Schulleitungen. Frankfurt a.M. (Materialien zur Bildungsforschung, Bd. 11).

Edelstein, W. & Fauser, P. (2001): Gutachten zum BLK-Programm „Demokratie lernen und leben". Bonn.

Eilingsfeld, H. (1994): Ohnmacht der Moral. Kapitulation vor hoher Komplexität. In: Mitteilungen der Gesellschaft für Verantwortung in der Wissenschaft e.V. (GVW). Sonderausgabe zum Kongreß in Dortmund 24.–26. Juni 1994. S. 28–38.

Elias, N. (1969): Über den Prozess der Zivilisation. 2 Bde. Frankfurt a.M.

Elwitz, S. (1973): Civil und Civility. Eine wortgeschichtliche Untersuchung zweier Höflichkeitsbezeichnungen. Bonn: Universität, Inaugural-Dissertation.

Fatke, R. & Schneider, H. (2005): Kinder- und Jugendpartizipation in Deutschland. Daten, Fakten, Perspektiven. Gütersloh.
Fend, H. (1980): Theorie der Schule. München.
Ferry, L. (1996): L'homme-Dieu ou le sens de la vie. Paris.
Fish, D. (1993): Uncertainty in a Certain World: Values, Competency-based Training and the Reflective Practitioner. In: Journal for the National Association for Values in Education and Training. H. 8. S. 7–12.
Flitner, W. (1997): Allgemeine Pädagogik. Stuttgart. (Original 1933 bzw. 1950).
Foray, P. (2007): Autorität in der Schule. Zeitschrift für Pädagogik. 53. H. 5. S. 615–626.
Frankfurt, H. (1971): Freedom of the will and the concept of a person. Journal of Philosophy. 67. H. 1. S. 5–20.
Frankfurt, H. (2005): Gründe der Liebe. Frankfurt a.M.
Fumat, Y. (2000): La civilité peut-elle s'enseigner? Revue Française de Pédagogie. N°132. S. 101–113.
Fürstenau, P. (1972): Zur Theorie der Schule. Weinheim.
Gauchet, M. (1985): L'école à l'école d'elle-même. In: Ders. (2002): La démocratie contre elle-même. Paris. pp. 109-169. (Collection Tel)
Gauchet, M. (2002): Démocratie, éducation, philosophie. In: M. C. Blais, M. C. Gauchet & D. Ottavi (eds.): Pour une philosophie politique de l'éducation. Paris. S. 11–42.
GER (2001): Gemeinsamer europäischer Referenzrahmen. Strassburg.
Gerhart, V. (2006): Partizipation. Das Prinzip der Politik. München.
Gerstner, C.R. & Day, D.,V. (1997): Meta-Analytic Review of Leader – Member Exchange Theory: Correlates and Construct Issues. In: Journal of Applied Psychology. 82. H. 6. S. 827–844.
Giesecke, H. (1985): Das Ende der Erziehung. Neue Chancen für Familie und Schule. Stuttgart.
Giesecke, H. (1995²): Pädagogik als Beruf. Grundformen pädagogischen Handelns. Weinheim.
Gilbert, M. (1989): On Social Facts. International Library of Philosophy series. Princeton.
Gracián, B. (2004): Handorakel und Kunst der Weltklugheit. Stuttgart. (Original 1653).
Graen, G. B. & Uhl-Bien, M. (1995): Relationship-based Approach to Leadership: Development of Leader-Member-Exchange (LMX) Theory of Leadership over 25 Years: Applying a Multi-level Multi-Domain Perspective. In: The Leadership Quarterly. Vol. 6. S. 219–247.
Gutmann, A. & Thompson, D. (1997): Democracy and disagreement. Cambridge, Mass. & London.
Habermas, J. (1981): Theorie des kommunikativen Handelns 2 Bde. Frankfurt a.M.
Habermas, J. (1983): Moralbewusstsein und kommunikatives Handeln. Frankfurt a.M.
Habermas, J. (1986): Moralität und Sittlichkeit. Treffen Hegels Einwände gegen Kant auch auf die Diskursethik zu? In: W. Kuhlmann (Hrsg.): Moralität und Sittlichkeit. Das Problem Hegels und die Diskursethik. Frankfurt a.M. S. 16–37.
Habermas, J. (1991): Erläuterungen zur Diskursethik. Frankfurt a.M.
Hartmann, N. (1962): Ethik. Berlin. (Original 1926).
Hedtke, R. (2000): Das unstillbare Verlangen nach Praxisbezug – Zum Theorie-Praxis-Problem der Lehrerbildung am Exempel Schulpraktischer Studien. In: Sowi-onlinejournal (recherchiert am 18.7.2000: www.sowi-onlinejournal.de/lehrerbildung/hedtke.htm).

Heinze, T. (1980): Schülertaktiken. München.
Helmke, A. (2003): Unterrichtsqualität. Erfassen, Bewerten, Verbessern. Seelze.
Helsper, W., Ulrich, H., Stelmaszky, B., Höblich, D., Grasshoff, G. & Jung, D. (2007): Autorität und Schule. Die empirische Rekonstruktion der Klassenlehrer-Schüler-Beziehung an Waldorfschulen. Wiesbaden.
Hendrick, U. (2004): Grundbildung, Allgemeinbildung und Fachunterricht. Zeitschrift für Erziehungswissenschaft. 7. H. 2. S. 192–206.
Henecka, H. P. (1990): Grundkurs Soziologie. Opladen.
Herbart, J. F. (1982): Pädagogische Schriften. Dritter Band: Pädagogisch-didaktische Schriften. Hrsg. von W. Asmus. Stuttgart.
Herbart, J. F. (1983): Allgemeine Pädagogik – aus dem Zweck der Erziehung abgeleitet. Hrsg. von H. Holstein. Bochum. (Original 1806).
Herbart, J. F. (1986): Die erste Vorlesung über Pädagogik (1802). In: ders.: Systematische Pädagogik. Eingeleitet und interpretiert von D. Benner. Stuttgart, S. 214–248.
Himmelmann, G. (2005): Was ist Demokratiekompetenz? Ein Vergleich von Kompetenzmodellen unter Berücksichtigung internationaler Ansätze. Beiträge zur Demokratiepädagogik. Eine Schriftenreihe des BLK-Programms „Demokratie lernen & leben", hrsg. von W. Edelstein & P. Fauser.
Höffe, O. (1979): Ethik und Politik. Grundmodelle und -probleme der praktischen Philosophie. Frankfurt a. M.
Höffe, O. (1984): Umrisse einer praktischen Philosophie der Erziehung. In: E. Benedikt u. a. (Hrsg.): Philosophische Aspekte im Unterricht der AHE. Wien, S. 23–45.
Höffe, O. (1986): Moral und Sitte. In: O. Höffe (hrsg. in Zusammenarbeit mit M. Forschner, A. Schöpf & W. Vossenkuhl): Lexikon der Ethik. 3., überarb. Aufl. München. S. 170–172.
Hösle, V. (1997): Moral und Politik. Grundlagen einer Politischen Ethik für das 21. Jahrhundert. München.
Hoffmann, N. (2002): Zum Zusammenhang von Generationswechsel und Innovation in der Wissenschaft – ein fiktives Interview mit Ludwik Fleck. In: A. Kinder (Hrsg.): Generationswechsel in der Wissenschaft. Bern u. a. S. 15–29.
Homans, G. C. (1957): Social Behavior as Exchange. In: American Journal of Sociology. 63. S. 597–606
Homans, G. C. (1960): Theorie der sozialen Gruppe. Köln & Opladen.
Hondrich, K. O. (2002): Enthüllung und Entrüstung. Eine Phänomenologie des politischen Skandals. Frankfurt a. M.
Hügli, A. (1999): Philosophie und Pädagogik. Darmstadt.
Humboldt, W., von (1903): Theorie der Bildung des Menschen. Bruchstück. In: Wilhelm von Humboldts Werke, Bd. 1, hrsg. von Albert Leitzmann. Berlin. S. 282–287 (Original 1793).
Hurrelmann, K. (2002): Einführung in die Sozialisationstheorie. Weinheim & Basel.
Hyland, T. (2000): Ethics, National Education Policy and the Teaching Profession. In: M. Leicester, C. Modgil & S. Modgil (Eds.): Education, Culture and Values, Vol. I, Systems of Education. Theories, Policies and Implicit Values. S. 217–228.
Illouz, E. (2009): Die Errettung der modernen Seele: Therapien, Gefühle und die Kultur der Selbsthilfe. Frankfurt a. M.
Kant, I. (1977): Anthropologie in pragmatischer Hinsicht. In: Ders: Werkausgabe. Hrsg. v. W. Weischedel. Bd. XII. S. 398–690. (Original 1797).

Kant, I. (1984): Über Pädagogik. Hrsg. von H. Holstein. Bochum. (Original 1803).
Kant, I. (1990): Die Metaphysik der Sitten. Stuttgart. (Original 1797).
Kant, I. (1998): Kritik der reinen Vernunft. Hamburg. (Original 1781).
Kant. I. (1991): Kritik der Urteilskraft. Stuttgart. (Original 1790).
Kappelhoff, P. (1995): Soziale Interaktion als Tausch. Tauschhandlung, Tauschbeziehung, Tauschsystem, Tauschmoralität. In: Ethik und Sozialwissenschaften. 6. H. 1. S. 3–13.
Keller, T. & Dansereau, F. (1995): Leadership and Empowerment: A Social Exchange Perspective. In: Human Relations. Vol. 48. S. 127–144.
Kerstiens, L. (1988): Ethische Aspekte des Lehrens und Lernens. In: C. Günzler u.a. (Hrsg.): Ethik und Erziehung. Stuttgart. S. 110–140.
Kilchsperger, H. (1985): Pädagogische Verantwortung. Bern.
Klieme, E. (2004): Was sind Kompetenzen und wie lassen sie sich messen? In: Pädagogik. 56 H. 6. S. 10–13.
Klieme, E. et al. (2003): Zur Entwicklung nationaler Bildungsstandards. Eine Expertise. Bonn.
Klieme, E. & Hartig, J. (2007): Kompetenzkonzepte in den Sozialwissenschaften und im erziehungswissenschaftlichen Diskurs. In: Zeitschrift für Erziehungswissenschaft 10. Jg. Sonderheft 8. S. 11–29.
Klieme, E., Hartig, D., & Kenk, M. (2010): Kompetenzmodellierung. Eine aktuelle Zwischenbilanz des DGF-Schwerpunktprogrammes. In: Zeitschrift für Pädagogik. 56. Jg. Beiheft 56. S. 9–11.
Koch, L. (2002): Schule ist zum Lernen da. In: M. Heitger (Hrsg.): Wozu Schule? Innsbruck. S. 9–21.
Kopperschmidt, J. (1980): Argumentation. Sprache und Vernunft. Teil II. Stuttgart u.a.
Korczak, J. (1979[3]): Das Recht des Kindes auf Achtung. Göttingen. (Original 1928/29).
Krappmann, L. (2000): Soziologische Dimensionen der Identität. Stuttgart. (Original 1969).
Kreckel, R. (2008): „Zwischen universeller Inklusion und neuer Exklusivität. Institutionelle Differenzierungen und Karrieremuster im akademischen Feld: Deutschland im internationalen Vergleich“. In: B.M. Kehm (Hrsg.): Hochschule im Wandel. Die Universität als Forschungsgegenstand. Festschrift für Ulrich Teichler. Frankfurt a.M., New York. S. 181–194.
Krieck, E. (1930): Philosophie der Erziehung. Jena. (Original 1922).
Krüger, H.-H., Reinhardt, S., Kötters-König, C., Pfaff, N., Schmidt, R., Krappidel, A. & Tillmann, F. (2002): Jugend und Demokratie – Politische Bildung auf dem Prüfstand. Eine quantitative und qualitative Studie aus Sachsen-Anhalt. Opladen.
Kruse, J. (2003): Führung und Tausch. Universität Lüneburg: Institut für Mittelstandsforschung & Institut für BWL.
Kultgen, J. (1988). Ethics and Professionalism. Philadelphia.
Lasch, C. (1979): The culture of narcissism. American life in an age of diminishing expectations. New York. (dt. 1982: Das Zeitalter des Narzißmus. München).
Liedtke, M. (1989): Der Generationenkonflikt als pädagogische Konstante und die Funktion von Klage und Protest. In: H. Hierdeis und H. S. Rosenbusch (Hrsg.): Artikulation der Wirklichkeit. Frankfurt a.M. u.a. S. 117–130.
Luhmann, N. (2002): Das Erziehungssystem der Gesellschaft. Hrsg. von D. Lenzen. Frankfurt a.M.
Luhmann, N. & Schorr, K. E. (1982): Das Technologiedefizit der Erziehung und die Pädagogik. In dies. (Hrsg.): Zwischen Technologie und Selbstreferenz. Frankfurt a.M. S. 11–40.

Maaz, K., Hausen, C. McElvany, N. & Baumert, J. (2006): Stichwort: Übergänge im Bildungssystem. In: Zeitschrift für Erziehungswissenschaft. 9. H. 3. S. 299–327.

Manthey, J. (2005): Königsberg. Geschichte einer Weltbürgerrepublik. München.

Marquard, O. (1981): Abschied vom Prinzipiellen. Philosophische Studien. Stuttgart.

Meyer, J.W. & Schofer, E. (2005): Universität in der globalen Gesellschaft. Die Expansion des 20. Jahrhunderts. In: die hochschule. H. 2. S. 81–98.

Meyer, M.A. (2003): Zeigen und Lernen – Didaktische Reflexionen im Anschluss an Ludwig Wittgenstein. In: U. Helsper, R. Hörster & J. Kade (Hrsg.): Ungewissheit. Pädagogische Felder im Modernisierungsprozess. Weilerswist. S. 119–141.

Meyer, T. (1994): Die Transformation des Politischen. Frankfurt a.M.

Meyer-Drawe, K. (1990): Illusionen von Autonomie. Diesseits von Ohnmacht und Allmacht des Ich. München.

Meyer-Drawe, K. (2008): Diskurse des Lernens. München.

Milbrath, L. (1977[2]): Political Participation. Why people get involved in politics. Chicago.

Müller, W.R. & Hill, W. (1980): Die situative Führung. In: W. Grunwald & H.-G. Lilge (Hrsg.): Partizipative Führung: betriebswirtschaftliche und sozialpsychologische Aspekte. Bern. S. 129–172.

Münch, R. (2009): Globale Eliten, lokale Autoritäten. Bildung und Wissenschaft unter dem Regime von PISA, McKinsey & Co. Frankfurt a.M.

Neumann-Braun, K. (2001): Sozialer Wandel und die Kommerzialisierung der Kindheit. In G. Scholz & A. Ruhl (Hrsg.), Perspektiven auf Kindheit und Kinder. Opladen. S. 91–113.

Neuweg, G.H. (2006[4]): Könnerschaft und implizites Wissen: Zur lehr-lerntheoretischen Bedeutung der Erkenntnis- und Wissenstheorie Michael Polanyis. Münster.

Nichols, S.L., & Berliner, D.C. (2005): The Inevitable Corruption of Indicators and Educators Through High-Stakes Testing. Tempe, AZ.

Nichols, S.L., Glass, G.V., & Berliner, D.C. (2006): High-Stakes Testing and Student Achievement: Does Accountability Pressure Increase Student Learning? In: Education Policy Analysis Archives 14 (1). Retrieved 4.9.06 from http://epaa.asz.edu/epaa/v141/ (172 Seiten).

Nonaka, I. & Takeuchi, H. (1997): Die Organisation des Wissens. Frankfurt a.M. (Original „The knowledge-creating company“ 1995).

Nunner-Winkler, G. (1989): Verantwortlichkeit für andere: Das Problem der „positiven“ Pflichten. In: G. Lind & G. Pollitt-Gerlach (Hrsg.): Moral in „unmoralischer“ Zeit. Zu einer partnerschaftlichen Ethik in Erziehung und Gesellschaft. Heidelberg. S. 33–54.

Nyberg, D. (1996): Deception and Moral Decency. In: P. A. French, Th. E. Uehling, Jr. & H. K. Wettstein (eds.), Midwest Studies in Philosophy, Vol XX, Moral Concepts. Notre Dame: University of Notre-Dame Press 186–203.

Oblinger, H. (1975). Theorie der Schule. Donauwörth

Oelkers, J. (1997). Tugend. In: Ch. Wulf (Hrsg.). Vom Menschen. Handbuch Historische Anthropologie. Weinheim u.a. S. 756–767.

Oelkers, J. (2003): Wie man Schule entwickelt. Eine bildungspolitische Analyse nach PISA. Weinheim.

Oevermann, U. (1978): Probleme der Professionalisierung in der berufsmäßigen Anwendung sozialwissenschaftlicher Kompetenz. Manuskript. Universität Frankfurt.

Oser, F. (1998): Ethos – die Vermenschlichung des Erfolgs. Zur Psychologie der Berufsmoral von Lehrpersonen. Unter Mitarbeit von M. Zutavern, R. Reichenbach, J.-L. Patry, R. Klaghofer, W. Althof, H. Rothbucher & B. Kersten. Opladen.

Oser, F. & Oelkers, J. (Hrsg.) (2001): Die Wirksamkeit der Lehrerbildungssysteme. Von der Allrounderbildung zur Ausbildung professioneller Standards. Chur & Zürich.

Pabst, A. (2003): Die athenische Demokratie. München.

Peyrat, D. (2005): En manque de civilité. Paris.

Piaget, J. (2003): Meine Theorie der geistigen Entwicklung. Hrsg. v. R. Fatke. Weinheim. (Original 1970).

Platon (1996): Alcibiade. Traduit par M. Croiset, revue par M.-L. Desclos. Introduction et notes de M.-L. Desclos. Paris.

Polanyi, M. (1985): Implizites Wissen. Frankfurt a.M. (Original The tacit dimension 1966).

Popitz, H. (2006): Soziale Normen. Herausgegeben von F. Pohlmann und W. Essbach. Frankfurt a.M.

Prange, K. (1999): Plädoyer für Erziehung. Hohengehren.

Prange, K. (2005): Die Zeigestruktur des Erziehens. Grundriss einer operativen Pädagogik. Paderborn.

Redl, F. & Wattenberg, W. (1959): Mental hygiene in teaching. New York.

Reichenbach, R. & Breit, H. (2005) (Hrsg.): Skandal und Politische Bildung. Berlin.

Reichenbach, R. & Dietschi, D. (in Vorb.): „Catalyzers, facilitators, energizers“. Zur Errettung des schulischen Lernens durch die humanistische Psychologie. In: P. Bühler, T. Bühler & F. Osterwalder (Hrsg.): Zur Inszenierungsgeschichte pädagogischer Erlöserfiguren. Bern.

Reichenbach, R. & Herrmann, C. (in Vorb.): Faktorenanalytisch basierte Entwicklung von Skalen zu Dimensionen des Tausches und der Täuschung.

Reichenbach, R. & Maxwell, B. (2007): Moralerziehung als Erziehung der Gefühle. In: Vierteljahresschrift für wissenschaftliche Pädagogik. 83. H. 1. S. 11–25.

Reichenbach, R. & Oser, F. (1995): On Noble Motives and Pedagogical Kitsch. Roger‘s and Freiberg‘s „Freedom to Learn“. Teaching and Teacher Education. Vol. 11. 2. S. 189–193.

Reichenbach, R. (1994): Moral, Diskurs und Einigung. Zur Bedeutung von Diskurs und Konsens für das Ethos des Lehrberufs. Bern u.a.

Reichenbach, R. (2001): Demokratisches Selbst und dilettantisches Subjekt. Demokratische Bildung und Erziehung in der Spätmoderne. Münster.

Reichenbach, R. (2004): „Aktiv, offen und ganzheitlich“: Überredungsbegriffe – treue Partner des pädagogischen Besserwissens. In: Internetzeitschrift Parapluie: Kulturen – Künste – Literaturen, Nr. 19. Juli 2004. http://parapluie.de/archiv/worte/paedagogik/ recherchiert am 14.11.2012

Reichenbach, R. (2005): Die Erziehung zum Gemeinsinn und die Kultur der Ineffizienz. In A. Bucher, K. Lauermann & E. Walcher (Hrsg.): Leistung – Lust und Last. Erziehung in einer Wettbewerbsgesellschaft. Wien. S. 61–77.

Reichenbach, R. (2006a): Schulmeisterliche Lehrprofession: Bemerkungen zur Beschreibung und Identität von Lehrpersonen. In: P. Hanke (Hrsg.): Grundschule in Entwicklung. Herausforderung und Perspektiven für die Grundschule heute. Münster. S. 249–261.

Reichenbach, R. (2006b): Soft Skills: Destruktive Potentiale des Kompetenzdiskurses. (schienen in der Schriftenreihe der Kommission Bildungs- und Erziehungsphilosophie der DGfE, Deutsche Gesellschaft für Erziehungswissenschaft).

Reichenbach, R. (2007a): Die Grenzen der politischen Bildung und das Ethos demokratischer Gesellschaften. In: H. Biedermann, F. Oser & C. Quesel (Hrsg.): Vom Gelingen und Scheitern Politischer Bildung. Zürich. S. 97–105.

Reichenbach, R. (2007b): Führen und sich führen lassen: Zur Qualität schulischer Austauschprozesse. In: D. Benner (Hrsg.): Bildungsstandards. Chancen und Grenzen – Beispiele und Perspektiven. Paderborn. S. 239–252.

Reichenbach, R. (2007c): Demokratische Erziehung oder Politische Bildung? In: B. Rolf, K. Draken & G. Münnix (Hrsg.): Orientierung durch Philosophieren. Münster. S. 63–77.

Reichenbach, R. (2007d): Kaschierte Dominanz – leichte Unterwerfung: Bemerkungen zur Subtilisierung der pädagogischen Autorität. In: Zeitschrift für Pädagogik. 53. H. 5. S. 651–659.

Reichenbach, R. (2008): „Von dem erlaubten moralischen Schein" – Zur Bedeutung von Zivilität und Anstand. In: I. Plath, I. Graudenz & H. Breit (Hrsg.): Kultur – Handlung – Demokratie. Dreiklang des Humanen. Wiesbaden. S. 89–107.

Reichenbach, R. (2010): Die Macht des Volkes „lernen und leben"...? Zur Kritik persuasiver Metaphoriken im pädagogischen Demokratiediskurs. In: S. Aufenanger, F. Hamburger, L. Ludwig & R. Tippelt (Hrsg.): „Bildung in der Demokratie". Beiträge zum 22. Kongress der Deutschen Gesellschaft für Erziehungswissenschaft. Schriftenreihe der Deutschen Gesellschaft für Erziehungswissenschaft (DGfE). Opladen & Farmington Hills. S. 145–168.

Reichenbach, R. (2010a): Das sogenannte träge Wissen und die Kultur der Bildung. In: Zeitschrift für Didaktik der Gesellschaftswissenschaften. 1. H. 1. S. 115–127.

Reichenbach, R. (2011): Pädagogische Autorität. Macht und Vertrauen in der Erziehung. Stuttgart.

Reichenbach, R. (2011a): Erziehung. In: J. Kade, W. Helsper, C. Lüders, B. Egloff, F.-O. Radtke & W. Thole (Hrsg.): Pädagogisches Wissen. Erziehungswissenschaft in Grundbegriffen. Stuttgart. S. 20–27.

Reichenbach, R. (2012a): Normalisierung und Normativität des therapeutischen Ethos. In: Vierteljahresschrift für wissenschaftliche Pädagogik. 87. H. 4. S. 632–643.

Reichenbach, R (2012b): Die Personalität des Lehrens und das Verschwinden der Lehrperson. In: H.-C. Koller, R. Reichenbach & N. Ricken (Hrsg.): Philosophie des Lehrens. Paderborn. S. 47–64.

Revault d'Allonnes, M. (2005): L'autorité du futur. In: XLes Rencontres Internationales de Genève 2005. G. Steiner, H. Mottu, A. Garapon, Ph. Meirieu, A. Ehrenberg, S. Ebadi, K. Pomian & M. Revault d'Allonnes (Contributeur(e)s): Le Futur de l'Autorité. Lausanne: L'Age d'Homme. S. 173–185.

Richter, I. (1990): Kein neues Berufsethos, sondern eine realistische Wende der Diskussion. In: Die Deutsche Schule. 82. S. 24–29.

Ricken, N. (2007) (Hrsg.): Über die Verachtung der Pädagogik. Analysen – Materialien – Perspektiven. Wiesbaden.

Rogers, C. & Freiberg, H. J. (1994): Freedom to learn. 3rd ed. New York.

Roth, H. (1964): Die realistische Wende in der pädagogischen Forschung. Neue Sammlung. 2. 481–490.

Rothblatt, S. (2007). Education's Abiding Moral Dilemma. Merit and Worth in the Cross-Atlantic Democracies 1800–2006. Oxford, UK.

Rousseau, J.-J. (1983): Emil oder Über die Erziehung. Vollständige Ausgabe in neuer deutscher Fassung, besorgt von L. Schmidts. Paderborn. (Original: „Émile ou de l'éducation", 1762).

Sanders, M. R. (1999): Triple P – Positive Parenting Program: Towards an empirically validated multilevel parenting and family support strategy for the prevention of behavior and emotional problems in children. In: Clinical Child and Family Psychology Review. 2. S. 71–90.

Sartori, G. (1992): Demokratietheorie. Darmstadt. (Original 1987).

Schaal, G. S. & Heidenreich, F. (2006): Einführung in die Politischen Theorien der Moderne. Opladen & Farmington Hills.

Schach, B. (1987): Professionalisierung und Berufsethos. Berlin.

Scheffler, I. (1971): Die Sprache der Erziehung. Düsseldorf. (Original 1960).

Schelsky, H. (1961): Anpassung und Widerstand. Soziologische Bedenken zur Schulreform. Heidelberg.

Scheuerl, H. (1959): Über Analogien und Bilder im pädagogischen Denken. In: Zeitschrift für Pädagogik. H. 5. S. 211–223.

Scheuerl, H. (1985): Geschichte der Erziehung. Ein Grundriß. Stuttgart u.a.

Schleissheimer, B. (1984): Die Verantwortung des Erziehers. In: Vierteljahresschrift für wissenschaftliche Pädagogik. 60. S. 1 ff.

Schneider, F. (1966): Eigenschaften des Lehrers. In: E. Achermann (Hrsg.): Methodik des Volkschulunterrichts. Hochdorf. S. 181–185.

Schneider, G. (2005): Der „Gemeinsame europäische Referenzrahmen für Sprachen" als Grundlage von Bildungsstandards für die Fremdsprachen – Methodologische Probleme der Entwicklung und Adaptierung von Kompetenzbeschreibungen. In: Schweizerische Zeitschrift für Bildungswissenschaften. 27. H. 1. S. 13–34.

Schneiders, W. (1985): Der Verlust der guten Sitte. Auch ein Beitrag zur Geschichtlichkeit der Moral. In: Studia Philosophica. 44. S. 61–77.

Scholz, G. (2001): Zur Konstruktion des Kindes. In: G. Scholz & A. Ruhl (Hrsg.): Perspektiven auf Kindheit und Kinder. Opladen. S. 17–30.

Seligman, M. (2003): Der Glücks-Faktor. Bergisch Gladbach.

Seneca (2001): Epistulae morales Exempla 12. Göttingen.

Senger, H., von (1988): Strategeme: Lebens- und Überlebenslisten der Chinesen – die berühmten 36 Strategeme aus drei Jahrtausenden. Bern u.a.

Sennett, R. (1986): Verfall und Ende des öffentlichen Lebens. Die Tyrannei der Intimität. Frankfurt a. M. (Original 1974).

Sennett, R. (1994): Civitas. Die Großstadt und die Kultur des Unterschieds. Frankfurt a.M. (Amerikanisches Original 1990).

Sertl, M. (2004): A Totally Pedagogised Society. Basil Bernstein zum Thema. In: Schulheft 116. Innsbruck u.a. S. 17–29. (Thema: Pädagogisierung).

Sloterdijk, P. (2009): Du musst dein Leben ändern. Über Anthropotechnik. Frankfurt a.M.

Solomon, R. C. (1996): Self, deception, and self-deception in philosophy. In: R. T. Ames & W. Dissanayake (Eds.): Self and deception. A cross-cultural philosophical enquiry. Albany, NY. S. 91–122.

Sommer, V. (1992): Lob der Lüge. Täuschung und Selbstbetrug bei Tier und Mensch. München.

Steiner, G. (2009): Der Meister und seine Schüler. München. (Original 2003).

Sullivan, E. (2004): Lügen, nichts als Lügen. Reise durch ein vertrautes Land. München. (Amerikanisches Original 2001).

Taylor, Ch. (1995): Das Unbehagen an der Moderne. Frankfurt a. M. (Original 1991).

Taylor, Ch. (1996): Quellen des Selbst. Die Entstehung der neuzeitlichen Identität. Frankfurt a. M. (Original 1989).

Taylor, S. E. (1993): Positive Illusionen. Produktive Selbsttäuschung und seelische Gesundheit. Reinbek. (Original 1989).

Taylor, S.E., & Brown, J. (1988): Illusion and well-being: A social psychological perspective on mental health. In: Psychological Bulletin. 103. S. 193–210.

Tenorth, H.-E (1988): Geschichte der Erziehung. Einführung in die Grundzüge ihrer neuzeitlichen Entwicklung. Grundlagentexte Pädagogik. Weinheim, München.

Tenorth, H.-E. (1992): Laute Klage, stiller Sieg. Über die Unaufhaltsamkeit der Pädagogik in der Moderne. In: Zeitschrift für Pädagogik. 29. Jg. Beiheft S. 129-139.

Terhart, E. (2002): Standards für die Lehrerbildung. Eine Expertise für die Kultusministerkonferenz. Münster. (Universität Münster, Zentrale Koordination Lehrerbildung, ZKL, Nr. 24).

Tomasello, M. (2009): Die Ursprünge der menschlichen Kommunikation. Frankfurt a.M. (Amerikanisches Original 2008).

Torney-Purta, J., Lehmann, R., Oswald, H. & Schulz, W. (2001): Citizenship and Education in Twenty-eight Countries: Civic Knowledge and Engagement at Age Fourteen. Delft.

Touraine, A. (1997): Pourrons-nous vivre ensemble? Egaux et différents? Paris.

Treml, A. (1987): Einführung in die Allgemeine Pädagogik. Stuttgart.

Uhl, S. (2003): Sind die alten Tugenden passé? Alte und neue Erziehungsziele im Vergleich. In: Engagement H. 1. S. 50–64.

Vec, M. (2004): Juristische Normen des Anstands. In: R. Schulze (Hrsg.): Rechtssymbolik und Wertevermittlung. Berlin. S. 69–100.

Vollmer, G. (1991): Autorität und Erziehung. Studien zur Komplementarität in pädagogischen Interaktionen. Weinheim.

Watzlawick, P., Beavin, J. H., Jackson, D.D. (1969): Menschliche Kommunikation, Formen – Störungen – Paradoxien. Bern.

Wellmer, A. (1986): Ethik und Dialog. Elemente des moralischen Urteils bei Kant und in der Diskursethik. Frankfurt a.M.

Wernicke, J. (2009): Hochschule im historischen Prozess. Zum Verhältnis von Universitätsentwicklung, Klassengesellschaft und Macht. Berlin. (AStA der Freien Universität Berlin).

Ziehe, T. & Stubenrauch, H. (1982): Plädoyer für gewöhnliches Lernen. Reinbek.

Zimmermann, K. (2000): Kein Zurück für Sophie W. Geschichte einer Auswanderung. Gümligen bei Bern.

Zinnecker, J. & Silbereisen, R.K. (1996): Kindheit in Deutschland. Aktueller Survey über Kinder und ihre Eltern. Weinheim, München.